新能源汽车底盘技术

组　编　北京百通科信机械设备有限公司
主　编　袁　牧　杨效军　王　斌
副主编　谭逸萍　贾慧利　吴明达
参　编　李　雄　史蕾蕾　鲁学柱　张秋华　白崇彪　梅彦利
主　审　薛庆文

机械工业出版社

本书是新能源汽车技术专业"岗课赛证"综合育人系列教材，面向新能源汽车制造、装调、测试、检修等职业岗位，按照新能源汽车装调与测试、智能新能源汽车职业技能等级证书和全国职业院校技能大赛汽车技术赛项要求编写，主要内容包括传动系统的故障检修、行驶系统的故障检修、转向系统的故障检修、制动系统的故障检修 4 个项目 9 个学习情境 21 个任务，每个任务按照学习目标、任务描述、获取信息、学习任务单、任务实施、工作任务单环节进行教学组织设计，并结合对应的职业技能等级证书考核内容，设计了课证融通考评单，实现课程教学与证书考评有机融合。

本书为校企合作开发教材，按照工作手册式教材形式打造，借助"互联网+"及信息技术，使教材内容呈现立体化、可视化、数字化，能够满足"人人皆学、处处能学、时时可学"的学习需要，为学习者提供"能学、助教、助训、助考"的课程资源。

本书可作为职业院校新能源汽车技术、智能网联汽车技术等专业的教学用书，也可作为新能源汽车装调与测试和智能新能源汽车职业技能等级证书考证用书，还可供从事新能源汽车检测、维修工作的工程技术人员参考。

为方便教学，本书配有电子课件、电子教案等资源。凡选用本书作为授课教材的教师均可登录www.cmpedu.com，以教师身份注册后免费下载，或来电咨询，咨询电话：010-88379201。

图书在版编目（CIP）数据

新能源汽车底盘技术 / 北京百通科信机械设备有限公司组编；袁牧，杨效军，王斌主编. — 北京：机械工业出版社，2022.10（2024.2重印）
ISBN 978-7-111-71643-3

Ⅰ.①新… Ⅱ.①北… ②袁… ③杨… ④王… Ⅲ.①新能源－汽车－底盘－高等职业教育－教材 Ⅳ.①U463.1

中国版本图书馆CIP数据核字（2022）第173095号

机械工业出版社（北京市百万庄大街22号 邮政编码100037）
策划编辑：师 哲　　　　责任编辑：师 哲
责任校对：张亚楠　王 延　封面设计：张 静
责任印制：李 昂
北京联兴盛业印刷股份有限公司印刷
2024年2月第1版第4次印刷
210mm×285mm・13印张・305千字
标准书号：ISBN 978-7-111-71643-3
定价：55.00元

电话服务　　　　　　　网络服务
客服电话：010-88361066　机 工 官 网：www.cmpbook.com
　　　　　010-88379833　机 工 官 博：weibo.com/cmp1952
　　　　　010-68326294　金 书 网：www.golden-book.com
封底无防伪标均为盗版　机工教育服务网：www.cmpedu.com

职业教育新能源汽车技术专业系列教材编审委员会

主　任　吴书龙　戴景岩
副主任　张　萌　邸玉峰
委　员　苏　忆　毕丽丽　程玉光　陈　静　高　武　郭化超
　　　　　龚文资　李志军　黄维娜　牛　伟　郑军武　谭　婷
　　　　　袁　牧　杨效军　王　斌　宋广辉　张凤娇　王　博
　　　　　杨永志　王桂成　薛庆文　吕世敏　马　鑫

前言 PREFACE

世界各国为了解决能源短缺和环境污染等问题，相继出台了各种节能减排的法规和标准，制定了各种鼓励研发、推广新能源汽车的政策和措施，使新能源汽车迅速推向社会。2021年，我国新能源汽车产业表现"亮眼"，产销双双突破350万辆，分别达到了354.5万辆和352.1万辆，同比均增长了1.6倍，连续7年位居全球第一，累计推广量已超过900万辆。基于此，急需大量新能源汽车相关专业高素质技术技能型人才，本书正是为适应社会和汽车行业的需要，组织相关学校教师和企业专家，按照新时代职业教育教材建设的总体要求，参照新能源汽车类专业国家教学标准、智能新能源汽车、新能源汽车装调与测试职业技能等级证书和各级技能大赛要求等编写了本书。

本书将企业岗位任务化，工作任务课程化，注重以工作岗位为导向，以培养能力为本位，符合新能源汽车技术专业教学改革要求，适应新能源汽车行业对技能型紧缺人才的需求。

本书具有以下特点：

1. 聚焦"岗课赛证"综合育人理念，对课程的知识点、技能点、项目资源进行重构设计，将项目评价、职业技能等级证书评价、全国职业院校技能大赛评价融入课程教学考核评价体系，注重实用性，体现先进性，保证科学性，凸显职业性，贯穿可操作性。

2. 深入贯彻落实党的二十大精神，用社会主义核心价值观铸魂育人，将文化教育与素质教育相融合，文字简洁、通俗易懂、图文并茂、形象直观，在培养学生专业能力的同时，关注学生身心健康的发展，坚定学生的理想信念，加强职业道德与爱国主义的教育，激发学生的家国情怀和使命担当，培养学生的工匠精神和环保意识，培养适合新时代发展需要的德才兼备的高素质人才。

3. 教材吸收了近年来新能源汽车的新技术、新成果、新标准和职业教育改革所取得的新经验，紧密结合国内保有量较大的吉利EV450等车型，围绕新能源汽车传动系统、行驶系统、转向系统和制动系统的结构、原理、装调、测试与故障诊断等内容，科学地构建了4个项目、9个学习情境、21个任务，并配备了大量数字资源（课程标准、电子课件、微课、视频等），紧抓数字化机遇，将二维码等数字技术融入教材，助力学生学习成长，进一步丰富、优化、更新教材数字化资源，推进教育数字化。

本书由广东轻工职业技术学院袁牧、山东交通职业学院杨效军、无锡商业职业技术学院王斌任主编，谭逸萍、贾慧利、吴明达任副编，薛庆文任主审。李雄、史蕾蕾、鲁学柱、张秋华、白崇彪、梅彦利参编。

本书在编写及课件制作过程中，得到了机械工业出版社、北京百通科信机械设备有限公司、武汉软件工程职业学院、山东交通职业学院、芜湖职业技术学院、荆州职业技术学院、无锡商业职业技术学院、山东劳动职业技术学院等单位的大力支持与帮助，书中检索了大量汽车网站及汽车教材、论文资料，对此谨对相关人士表示诚挚的谢意。

由于编者水平有限，书中不妥之处在所难免，敬请广大读者批评指正。

编　者

二维码索引

名称	图形	页码	名称	图形	页码
纯电动汽车驱动形式		3	EPS 数据采集与分析		112
检查吉利 EV450 驱动系统		5	EPS 故障诊断与排除		121
减速器控制器的故障诊断与排除		20	电动真空泵故障诊断与排除		132
电子变速杆的故障诊断与排除		27	ESC 数据采集与分析		143
认识混合动力汽车传动系统		34	ESC 故障诊断与排除		156
更换下摆臂		54	EPB 数据采集与分析		165
电控悬架故障诊断与排除		73	EPB 故障诊断与排除		175
TPMS（胎压监测系统）		80	更换制动能量回收操作开关		186
TPMS 数据采集		83	制动能量回收系统故障诊断与排除		194
电动转向管柱总成的更换		102			

目 录 CONTENTS

前言

二维码索引

项目一 传动系统的故障检修

学习情境一 纯电动汽车传动系统的故障检修……2

任务一 认识纯电动汽车驱动系统……2
任务二 减速器总成的更换……8
任务三 减速器控制器的故障诊断与排除……18
任务四 电子变速杆的故障诊断与排除……25

学习情境二 混合动力汽车传动系统的故障检修……33

任务一 认识混合动力汽车传动系统……33
任务二 混合动力汽车不传动的故障诊断与排除……40

项目二 行驶系统的故障检修

学习情境一 悬架的故障检修……50

任务 下摆臂的更换……50

学习情境二 电控悬架的故障检修……59

任务一　电控悬架数据采集与分析 59
　　任务二　电控悬架故障诊断与排除 70

学习情境三　轮胎气压监测系统的故障检修 79

　　任务一　TPMS 数据采集与分析 79
　　任务二　TPMS 故障诊断与排除 88

项目三　转向系统的故障检修

学习情境　转向系统的检修 98

　　任务一　电动助力转向器总成的更换 98
　　任务二　EPS 数据采集与分析 107
　　任务三　EPS 故障诊断与排除 116

项目四　制动系统的故障检修

学习情境一　行车制动系统的故障检修 128

　　任务一　电动真空泵故障诊断与排除 128
　　任务二　ESC 数据采集与分析 138
　　任务三　ESC 故障诊断与排除 148

学习情境二　驻车制动系统的故障检修 161

　　任务一　EPB 数据采集与分析 161
　　任务二　EPB 故障诊断与排除 170

学习情境三　制动能量回收系统的故障检修 182

　　任务一　更换制动能量回收操作开关 182
　　任务二　制动能量回收系统故障诊断与排除 190

参考文献 200

项目一
传动系统的故障检修

新能源汽车行业的"国货之光"——比亚迪王朝系列旗舰轿车比亚迪汉，自上市之日起，逐渐积累起不错的市场成绩。汉 EV 创世版的起步和加速表现非常迅猛，尤其是四驱版本依托前后双驱动电机，综合最大转矩为 700N·m，可在 3.9s 内轻松实现 0~100km/h 加速。汉 DM-p 四驱版本依托 1.5T139 马力（1 马力 =735.499W）的发动机和双驱动电机，可提供综合最大转矩 906N·m，可在 3.7s 内实现 0~100km/h 加速。正是一批又一批的汽车人"爱岗敬业""艰苦奋斗""辛勤耕耘"，我国新能源汽车产业才逐渐有了新能源汽车全球第一市场地位和世界领先的纯电动汽车技术。传动系统的合理布局提供了优秀的动力性，通过本项目的学习，可以深入地了解纯电动汽车和混合动力电动汽车的传动系统。

传动系统的故障检修分为纯电动汽车传动系统的故障检修和混合动力汽车传动系统的故障检修。

```
项目一 传动系统的故障检修
├── 学习情境一 纯电动汽车传动系统的故障检修
│   ├── 任务一 认识纯电动汽车驱动系统
│   ├── 任务二 减速器总成的更换
│   ├── 任务三 减速器控制器的故障诊断与排除
│   └── 任务四 电子变速杆的故障诊断与排除
└── 学习情境二 混合动力汽车传动系统的故障检修
    ├── 任务一 认识混合动力汽车传动系统
    └── 任务二 混合动力汽车不传动的故障诊断与排除
```

学习情境一
纯电动汽车传动系统的故障检修

纯电动汽车传动系统的故障检修主要包括4个任务，任务一为认识纯电动汽车驱动系统，主要介绍纯电动汽车驱动系统的不同布置形式；任务二为减速器总成的更换，主要讲解吉利帝豪EV450减速器总成的更换；任务三为减速器控制器的故障诊断与排除，主要讲解吉利帝豪EV450减速器控制器常见故障的诊断与排除；任务四为电子变速杆的故障诊断与排除，主要讲解吉利帝豪EV450电子变速杆常见故障的诊断与排除。

任务一 认识纯电动汽车驱动系统

【学习目标】

知识目标：
1）了解纯电动汽车驱动系统的组成。
2）熟悉纯电动汽车驱动系统的布置形式。
3）掌握不同布置形式的特点。

技能目标：
1）具有向客户介绍不同类型的电驱动系统的能力。
2）具有依据维修手册检查纯电动汽车驱动系统主要部件的能力。

素养目标：
1）在操作过程中树立高压安全意识。
2）树立团队协作意识。
3）养成认识问题、分析问题和解决问题的能力。

【任务描述】

一辆吉利EV450，行驶中通过不平路面时，汽车底盘与地面发生磕碰，车主担心该车

项目一　传动系统的故障检修

驱动系统零部件出现问题，将该车送往维修站。请根据该车的故障现象，制订一份具体的纯电动汽车驱动系统检查方案。

扫一扫

纯电动汽车
驱动形式

【获取信息】

一、纯电动汽车驱动系统

传统的燃油汽车主要由发动机、底盘、车身和电气设备4大部分组成，纯电动汽车与燃油汽车相比，减去了发动机，主要增加了电力驱动控制系统（简称驱动系统）。驱动系统是纯电动汽车的核心，主要由中央控制单元、驱动控制器、驱动电机和机械传动装置等组成。

1. 中央控制单元

根据加速踏板、制动踏板和档位的输入信号，向驱动控制器发出相应的控制指令，对驱动电机进行起动、加速、减速和制动控制等，从而实现纯电动汽车的变速和转向。

2. 驱动控制器

按照中央控制单元的指令和驱动电机的速度、电流反馈信号，对驱动电机的速度、驱动转矩和旋转方向进行控制。驱动控制器和驱动电机必须配套使用，目前对驱动电机的调速主要采用调压和调频等方式。

3. 驱动电机

驱动电机在纯电动汽车中承担着电动机和发电机的双重功能。正常行驶时，将动力蓄电池的电能转化为机械能，通过传动装置或由其直接驱动车轮；减速和下坡滑行时，将车轮的惯性动能转化为电能，为动力蓄电池充电。

4. 机械传动装置

纯电动汽车机械传动装置将驱动电机的驱动转矩传输给汽车驱动轴，从而带动汽车车轮转动。相对于传统内燃机汽车，纯电动汽车的机械传动装置大大简化，机械效率得以提高。

二、驱动系统的布置形式

目前，纯电动汽车传动系统分为传统驱动布置形式、驱动电机与驱动桥组合驱动布置形式、驱动电机与驱动桥集成驱动布置形式、轮边电机驱动布置形式和轮毂电机驱动布置形式。

1. 传统驱动布置形式

如图1-1所示，该布置形式与传统汽车的布置形式基本相同，通常是在传统汽车的基础上改装而成的，把驱动电机放在原燃油车发动机的位置，这种布置形式可以提高纯电动汽车的起动转矩。

2. 驱动电机与驱动桥组合驱动布置形式

如图1-2所示，在驱动电机端盖的输出轴处加装减速器和差速器等，驱动电机、固定速比减速器、差速器的轴互相平行，一起组合为一个驱动整体，通过固定速比减速器放大驱动电机的输出转

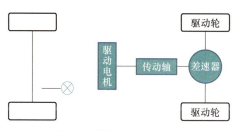

图1-1　传统驱动布置形式

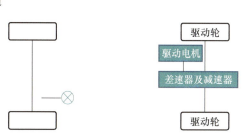

图1-2　驱动电机与驱动桥组合驱动布置形式

3

矩，没有可选的变速档位，省掉了离合器。这种布置形式结构紧凑、传动效率较高、便于安装。

3. 驱动电机与驱动桥集成驱动布置形式

驱动电机、固定速比减速器、差速器集成为一个整体，并与驱动轴同轴，通过两根半轴驱动车轮，如图1-3所示。

4. 轮边电机驱动布置形式

轮边电机驱动布置形式是一种双电机驱动形式，如图1-4所示。左右两台电机直接通过固定速比减速器分别驱动两个车轮。电机直接连接轮毂，这种电机称为轮边电机，每个电机的转速可独立调节控制，通过电子差速器解决左右半轴的差速问题，从而在复杂的路况上获得更好的整车动力性能。

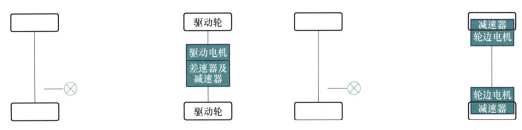

图1-3 驱动电机与驱动桥集成驱动布置形式　　　图1-4 轮边电机驱动布置形式

5. 轮毂电机驱动布置形式

把电机设计为饼状直接安装在车轮的轮毂中，这种电机称为轮毂电机。如图1-5所示，电机一端直接与轮毂固定，另一端直接安装在悬架上。此种布置形式进一步缩短了电机与车轮之间的机械传动距离，节省空间。

图1-5 轮毂电机驱动布置形式

认识纯电动汽车驱动系统	学习任务单	班级：
		姓名：

根据图片写出相应的驱动系统布置形式及特点

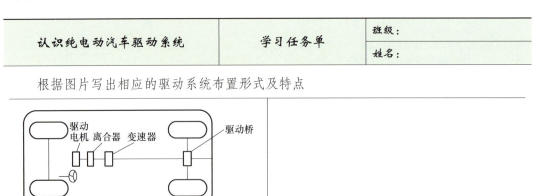

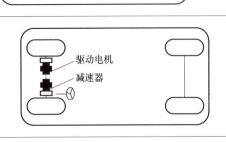

项目一 传动系统的故障检修

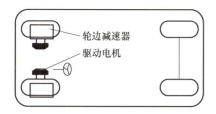

【任务实施】 认识纯电动汽车驱动系统

实训器材：

吉利EV450、举升机、常用工具和维修手册等。

作业准备：

检查举升机，车辆在工位停放周正。

【操作步骤】

一、举升车辆

确认车辆下电，妥善保管智能钥匙，规范举升车辆。

扫一扫

检查吉利
EV450驱
动系统

二、认识并检查吉利EV450驱动系统

序号	操作示意图	操作方法	标准
1		检查驱动系统减速器外观	外观应无破损
2		检查驱动系统减速器放油螺栓	放油螺栓处应无油液渗漏

5

（续）

序号	操作示意图	操作方法	标准
3		检查驱动电机外观	外观应无破损
4		检查驱动电机冷却液排放管口	排放管口应无冷却液泄漏
5		检查各轴承、油封	各轴承、油封应无油液渗漏

三、竣工检验

1）起动车辆，确认车辆是否正常上电。

2）整理、恢复作业场地。

认识纯电动汽车驱动系统	工作任务单	班级：
		姓名：

1. 车辆信息记录

品牌		整车型号		生产年月	
驱动电机型号		动力蓄电池电量		行驶里程	
车辆识别代号					

2. 认识驱动系统的组成部件

部件名称	部件作用	备注

（续）

部件名称	部件作用	备注

3. 绘制驱动系统动力传递路线图

4. 检查驱动系统的外观

检查内容	检查状况记录	备注

5. 作业场地恢复

清洁、整理场地	□是　□否

【课证融通考评单】认识纯电动汽车驱动系统			实习日期：	
姓名：	班级：	学号：	教师签名：	
自评：□熟练　□不熟练	互评：□熟练　□不熟练	师评：□合格　□不合格		
日期：	日期：	日期：		

认识纯电动汽车驱动系统【评分细则】

序号	评分项	得分条件	分值	自评	互评	师评
1	安全/7S/态度	1）能进行工位7S操作	3			
		2）能进行设备和工具的安全检查	3			
		3）能进行车辆安全防护操作	3			
		4）能进行工具清洁、校准和存放操作	3			
		5）能进行三不落地操作	3			
2	专业技能能力	1）能正确认识驱动系统的组成部件	10			
		2）能正确记录组成部件的功用	10			
		3）能正确绘制动力传递路线图	10			
		4）能正确检查驱动系统的外观	10			
		5）能规范清洁作业场地	10			

(续)

序号	评分项	得分条件	分值	自评	互评	师评
3	工具及设备的使用能力	1）能规范使用举升机	4			
		2）能正确使用检测设备	4			
		3）能规范操作车辆上、下电	5			
4	资料、信息查询能力	1）能正确使用维修手册查询资料	3			
		2）能正确记录所需维修信息	4			
5	数据判断和分析能力	1）能判断辅助蓄电池电压是否正常	2			
		2）能判断驱动电机的外观是否正常	4			
		3）能判断减速器的外观是否正常	4			
6	表单填写报告的撰写能力	1）字迹清晰	1			
		2）语句通顺	1			
		3）无错别字	1			
		4）无涂改	1			
		5）无抄袭	1			
总分：						

任务二　减速器总成的更换

【学习目标】

知识目标：
1）了解常见减速器的类型。
2）掌握纯电动汽车减速器的功能及安装位置。
3）掌握减速器不同故障的处理措施。

技能目标：
1）具有依据维修手册完成减速器总成更换的能力。
2）具有评估减速器总成技术状况的能力。

素养目标：
1）在操作过程中树立高压安全意识。
2）养成一丝不苟、精益求精的工匠精神。
3）能在工作结束后按照7S管理的规定整理、恢复作业场地，养成良好的工作习惯。

【任务描述】

一辆2018款吉利EV450，在行驶中出现减速器故障，车主将该车送往维修站，经过维修技师初步检查，需要对该车减速器总成进行更换。请根据该车的故障制订一份具体的减速器总成更换方案。

一、减速器的功能

新能源汽车驱动电机的速度-转矩特性非常适合汽车驱动的需求,在纯电动模式下,汽车的驱动系统不再需要多档位的变速器,驱动系统的结构得以大幅简化。减速器介于驱动电机和驱动半轴之间,驱动电机的动力输出轴通过花键直接与减速器输入轴齿轮连接。一方面,减速器将驱动电机的动力传给驱动半轴,起到降低转速、增大转矩的作用,另一方面,满足汽车转弯及在不平路面上行驶时,左右驱动轮以不同的转速旋转,保证车辆的平稳运行。

以吉利 EV450 车型为例,该车型采用单速比减速器,其结构组成如图 1-6 所示,性能参数见表 1-1。

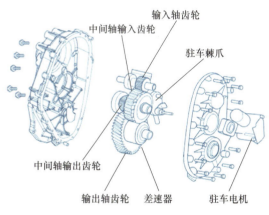

图 1-6 吉利 EV450 车型减速器的结构分解图

表 1-1 吉利 EV450 车型减速器的性能参数

项目	参数
转矩容量	300N·m
转速范围	≤ 14000r/min
减速器速比	8.28∶1
减速器油牌号	Dexron Ⅳ
减速器油量	(1.7±0.1) L
润滑方式	飞溅润滑
减速器最高输出转矩	2500N·m
效率	≥95%

二、减速器的安装位置

1. 前驱电机减速器

当纯电动汽车采用前驱形式时,减速器通常安装于前机舱下部,通过半轴驱动车辆的前轮行驶。目前,大多数新能源汽车采用这种布置形式,如图 1-7 所示。

2. 后驱电机减速器

当纯电动汽车采用后驱形式时,减速器通常安装于后驱动桥,通过半轴驱动车辆的后轮行驶。目前,只有少数新能源汽车采用此类型驱动形式,例如大众 ID.3,如图 1-8 所示。

图 1-7 前驱电机减速器的安装位置

3. 四驱双电机减速器

当电动汽车采用四轮驱动形式时，前后驱动桥通常都安装有减速器，将来自前后驱动电机的动力输出给各驱动轮。以特斯拉 Model S 为例，如图 1-9 所示。

4. 轮毂电机或轮边电机减速器

当纯电动汽车采用轮毂电机驱动时，减速器整合到轮毂内，减速机构一般由行星齿轮组成，省略了传动轴等结构；当纯电动汽车采用轮边电机驱动时，减速器同电机安装在各驱动轮旁边，通过传动轴驱动车辆，如图 1-10 所示。

图 1-8 后驱电机减速器的安装位置

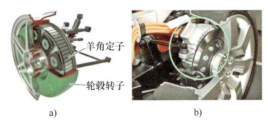

图 1-9 四驱双电机减速器的安装位置

图 1-10 轮毂电机或轮边电机减速器的安装位置
a）轮毂电机　b）轮边电机

三、减速器的类型

1. 按传动级数分类

（1）单级减速器　单级减速器结构简单、质量和体积小、传动效率高，且动力性能满足中型以下货车及轿车的要求。因此，这些车型普遍采用单级减速器，如图 1-11 所示。

（2）双级减速器　当汽车要求主减速器具有较大的传动比时，由一对锥齿轮构成的单级主减速器已经不能保证足够的离地间隙。这时需要采用两对齿轮降速的双级减速器，以使其既能保证足够的动力，又能减小其外廓尺寸，以提高汽车的通过性，如图 1-12 所示。

图 1-11 单级减速器

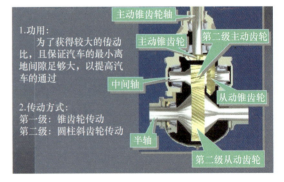

图 1-12 双级减速器

2. 按传动比档数分类

（1）单速减速器　单速减速器传动效率高、开发难度小、成本低，不但可以满足目前中小型电动汽车的设计要求和成本控制，也降低了车企对于选用电机的适配门槛，目前，单速减速器应用于市面上绝大部分电动汽车。

（2）双速减速器　单速减速器具有单一的传动比，通常无法同时兼顾纯电动汽车的动力性和经济性，后程加速能力、高速持续续驶都是弱项。双速减速器可以把电机的效率谱分成两部分，既能保证低速大转矩加速过程中的效率，又可以兼顾高速低转矩时的效率。例如，宝马 i8 前驱动桥上安装的 GKN eAxle 双速减速器，如图 1-13 所示。

图 1-13　宝马 i8 前驱动桥上的 GKN eAxle 双速减速器

查一查：

纯电动汽车驱动系统小型化、轻量化、高效化且低成本将是必然趋势，减速器多速化发展也是最终趋势，查阅资料，看看哪些纯电动汽车还搭载了双速减速器？

3. 按结构型式分类

按齿轮副结构型式分，减速器有圆柱齿轮式、圆锥齿轮式和准双曲面齿轮式。

四、纯电动汽车减速器的故障处理

1. 减速器异响故障

减速器产生异常噪声，主要原因及处理措施见表 1-2。

表 1-2　减速器异响原因及处理措施

故障原因	处理措施
润滑油不足	按规定型号和油量加注
轴承损坏或磨损	更换轴承
齿轮损坏或磨损	更换齿轮
箱体磨损或破裂	更换箱体

2. 减速器渗油故障

减速器发生渗漏油，主要原因及处理措施见表 1-3。

表 1-3　减速器渗油原因及处理措施

故障原因	处理措施
输入轴油封磨损或损坏	更换油封
差速器油封磨损或损坏	更换油封
箱体破裂	更换箱体
油量过多	检查油位，调整油量

3. 减速器无动力输出

整车无动力输出时，按图 1-14 所示的步骤进行处理。

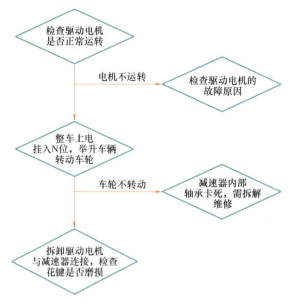

图 1-14　减速器无动力输出处理措施

减速器总成的更换	学习任务单	班级： 姓名：

1. 吉利 EV450 采用的是＿＿＿＿＿＿（单级、双级）减速器。

2. 按参加减速传动的齿轮副数目分，可分为＿＿＿＿＿＿和＿＿＿＿＿＿。

3. 按减速器传动比档数分类，可分为＿＿＿＿＿＿和＿＿＿＿＿＿两种。

4. 按减速齿轮副结构型式分，可分为＿＿＿＿＿＿、＿＿＿＿＿＿和＿＿＿＿＿＿。

5. 减速器产生异常噪声，主要的原因有＿＿＿＿＿＿、＿＿＿＿＿＿、＿＿＿＿＿＿和＿＿＿＿＿＿。

6. 减速器渗漏油，主要的原因有＿＿＿＿＿＿、＿＿＿＿＿＿、＿＿＿＿＿＿和＿＿＿＿＿＿。

7. 简述减速器异响的处理措施。

＿＿＿

＿＿＿

＿＿＿

8. 简述减速器漏油的处理措施。

＿＿＿

＿＿＿

＿＿＿

【任务实施】 减速器总成的更换

实训器材：

吉利 EV450、举升平台车、常用工具和维修手册等。

作业准备：

检查举升机，车辆在工位停放周正，铺好车内和车外护套。

【操作步骤】

一、拆卸减速器总成

序号	操作示意图	操作方法	标准
1		使用指针式扭力扳手、六角长套筒拆卸左前和右前车轮	对角交叉预松车轮固定螺母
2		使用六角长套筒拆卸左右驱动轴固定螺母	注意对螺母进行预松
3		使用六角长套筒拆卸左右转向节、减振器固定螺母	
4		取出左右驱动轴	取出时可借助橡胶槌等工具

（续）

序号	操作示意图	操作方法	标准
5		拆卸减速器放油螺栓，使用油液回收装置回收变速器油，紧固放油螺栓	放油螺栓紧固力矩为 30N·m
6		使用鲤鱼钳拆卸电动水泵进、出水管	注意提前释放冷却液
7		使用内六角套筒拆卸电动水泵固定螺栓，取下电动水泵	注意对固定螺栓进行预松
8		使用鲤鱼钳拆卸驱动电机进、出水管	注意提前释放冷却液
9		拆卸各线束插接器	按要求解除插接器锁止
10		拆卸驱动电机搭铁线束固定螺栓	注意对固定螺栓进行预松

（续）

序号	操作示意图	操作方法	标准
11		使用大号六角套筒拆卸前、后悬架固定螺栓	注意对固定螺栓进行预松
12		使用六角长套筒、举升平台车，拆卸驱动电机固定螺母、减速器固定螺栓，取下减速器及驱动电机总成	注意规范使用举升平台车

二、安装减速器总成

按照相反顺序安装减速器总成。

三、竣工检验

1）起动车辆，确认车辆是否正常上电。
2）确认车辆是否正常行驶。
3）整理、恢复作业场地。

减速器总成的更换	工作任务单	班级： 姓名：	
1. 车辆信息记录			
品牌		整车型号		生产年月	
驱动电机型号		动力蓄电池电量		行驶里程	
车辆识别代号			
2. 作业场地准备			
检查设置隔离栏			□是 □否
检查设置安全警示牌			□是 □否
检查灭火器压力、有效期			□是 □否
安装车辆挡块			□是 □否

（续）

3. 车辆停入举升工位，驻车后挂入N位	
检查减速器的外观	□正常 □异常
检查驱动轮的转动情况	□正常 □异常
转动驱动轮，检查减速器轴承的工作情况	□正常 □异常
转动驱动轮，检查减速器齿轮的工作情况	□正常 □异常
4. 拆装减速器总成		
序号	拆装步骤	备注
---	---	---

5. 竣工检验	
车辆是否正常上电	□是 □否
车辆是否正常切换档位	□是 □否
车辆是否正常行驶	□是 □否

6. 作业场地恢复	
拆卸车内三件套	□是 □否
拆卸翼子板布	□是 □否
将高压警示牌等放至原位置	□是 □否
清洁、整理场地	□是 □否

【课证融通考评单】		减速器总成的更换	实习日期：	
姓名：		班级：	学号：	教师签名：
自评：□熟练 □不熟练		互评：□熟练 □不熟练	师评：□合格 □不合格	
日期：		日期：	日期：	

减速器总成的更换【评分细则】

序号	评分项	得分条件	分值	自评	互评	师评
1	安全/7S/态度	1）能进行工位7S操作	3			
		2）能进行设备和工具安全检查	3			
		3）能进行车辆安全防护操作	3			
		4）能进行工具清洁、校准和存放操作	3			
		5）能进行三不落地操作	3			
2	专业技能能力	1）能正确确认故障现象	6			
		2）能规范进行高压断电	7			
		3）能规范拆卸左右前轮胎	7			
		4）能规范取出左右驱动轴	7			
		5）能规范回收变速器油液	7			
		6）能规范拆卸减速器总成	7			
		7）能规范安装减速器总成	7			
		8）能规范验证车辆减速器的功能	7			
3	工具及设备的使用能力	1）能正确使用拆装工具	4			
		2）能规范使用举升机	4			
		3）能规范操作车辆上、下电	5			
4	资料、信息查询能力	1）能正确使用维修手册查询资料	3			
		2）能正确记录所需维修信息	4			
5	数据判断和分析能力	1）能判断辅助蓄电池电压是否正常	1			
		2）能判断直流母线电压是否符合断电要求	2			
		3）能判断减速器功能是否正常	2			
6	表单填写报告的撰写能力	1）字迹清晰	1			
		2）语句通顺	1			
		3）无错别字	1			
		4）无涂改	1			
		5）无抄袭	1			

总分：

任务三　减速器控制器的故障诊断与排除

知识目标：

1）了解纯电动汽车减速器控制器的工作原理。

2）熟悉纯电动汽车减速器控制器的电路图。

3）掌握减速器控制器故障诊断与排除的流程。

技能目标：

1）具有查阅并拆画减速器控制器电路图的能力。

2）具有对减速器控制器进行故障诊断与排除的能力。

素养目标：

1）在操作过程中树立高压安全意识。

2）通过制订、优化故障检修流程，养成严谨细致、精益求精的工匠精神。

3）能在工作结束后按照7S管理规定整理、恢复作业场地，养成良好的工作习惯。

【任务描述】

一辆吉利 EV450，在踩下制动踏板的同时按下一键起动开关后，驾驶人操作变速杆切换档位，发现档位无法切换，经维修技师初步诊断，确定减速器控制器故障。请根据该故障现象制订一份减速器控制器故障检修方案，完成减速器控制器的故障诊断与排除。

一、吉利 EV450 车型减速器控制器的工作原理

吉利 EV450 车型减速器控制器的工作原理图如图 1-15 所示，吉利 EV450 减速器控制器简称 TCU，TCU 通过 CAN 报文接收整车控制器（VCU）的控制命令执行指定动作，达到驻车或解除驻车的功能。

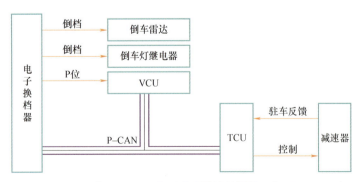

图 1-15　吉利 EV450 车型减速器控制器的工作原理图

吉利 EV450 驻车控制流程如图 1-16 所示，驾驶人操作电子变速杆进入 P 位，电子变速杆将驻车请求信号发送到 VCU，VCU 结合当前驱动电机的转速和轮速判断是否符合驻车条件。当符合驻车条件时，VCU 发送驻车指令到 TCU，TCU 根据驻车条件判断是否进行驻车，TCU 控制驻车电机进入 P 位，锁止减速器。驻车结束后，TCU 将收到减速器发出的 P 位信号，并将此信号反馈给 VCU，完成换档过程。

图 1-16 吉利 EV450 驻车控制流程

二、换档控制原理

吉利 EV450 换档控制原理图如图 1-17 所示，当驾驶人操作电子变速杆切换档位时，TCU 通过汽车 CAN 总线接收来自其他车辆控制系统的信息，包括驱动电机转速、车速等。当 TCU 接收到相关的换档条件和换档请求时，直接控制驻车电机驱动松开棘轮，达到解除驻车的功能，完成档位切换。

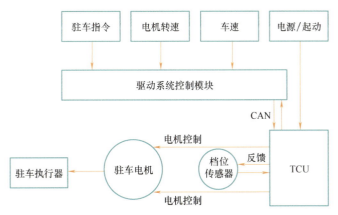

图 1-17 吉利 EV450 换档控制原理图

注意： 驻车电机中有一个编码器，输出 4-bit 代码确定驻车电机的位置。

吉利 EV450 换档驻车需要同时满足以下条件：

（1）**驻车条件** 接收到驻车请求，上一次换档操作已完成，供电电压 9~16V，驻车电机和编码器无故障，驱动电机转速低于 344r/min，车速低于 5km/h。

（2）**驻车换档解除条件** 接收到驻车解除请求，上一次换档操作已完成，供电电压 9~16V，驻车电机和编码器无故障，驱动电机转速低于 7r/min，车速低于 0.1km/h。

减速器控制器的故障诊断与排除	学习任务单	班级：
		姓名：

1. 当符合驻车条件时，VCU 发送驻车指令到 TCU，TCU 根据驻车条件判断是否进行驻车，TCU 控制驻车电机进入_____位，锁止减速器。

2. TCU 通过 CAN 报文接收（　　）的控制命令执行指定动作，达到驻车或解除驻车的功能。

A. BMS　　　　　　B. VCU　　　　　　C. OBC　　　　　　D. EPB

3. 写出图中数字所指模块的名称。

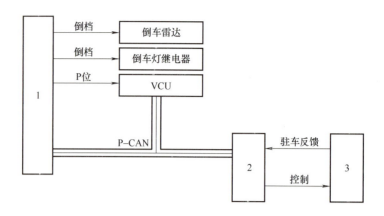

1. _____ 2. _____ 3. _____

4. 绘制吉利 EV450 减速器控制器的电路简图。

 【任务实施】 减速器控制器的故障诊断与排除

实训器材：

吉利 EV450、故障诊断仪、常用工具和维修手册等。

作业准备：

检查举升机，车辆在工位停放周正，铺好车内和车外护套。

 【操作步骤】

扫一扫

减速器控制器的故障诊断与排除

一、确认故障现象

起动车辆，操作变速杆在 P、R、N、D 4 个档位进行切换，观察车辆仪表是否显示对应的档位。连接故障诊断仪，按下一键起动开关，进入 TCU 模块，读取故障码及数据流。

二、执行高压断电作业

关闭起动开关，断开辅助蓄电池负极，并可靠放置，等待 5min 以上，断开直流母线，使用万用表验电,确保母线电压低于 50V。

三、故障检测

序号	操作示意图	操作方法	标准
1		测量辅助蓄电池电压: 将红色表笔接到辅助蓄电池的正极,将黑色表笔接到辅助蓄电池的负极,读取直流电压数值	11~14V
2		检查减速器控制器供电熔丝 EF26: 将黑色表笔接到车身的金属壳体,将红色表笔分别接到 EF26 的输入端和输出端,读取 EF26 熔丝两端的供电电压数值	11~14V
3		检查 EF26 插脚电阻: 将红色表笔、黑色表笔分别接到 EF26 的输入端和输出端,读取电阻数值	<1Ω
4		检测熔丝 EF26 电路对地电阻: 将红色表笔接到 EF26 的输入端,将黑色表笔接到车身的金属壳体,读取电阻值,确认电路是否存在短路的现象	无穷大
5		检测 BV15 供电端子: 连接辅助蓄电池负极,将红色表笔接到 BV15/23、24 端子,将黑色表笔接到车身的金属壳体,读取直流电压数值	11~14V

（续）

序号	操作示意图	操作方法	标准
6		检测减速器控制器插接器 BV15 接地端子： 断开辅助蓄电池负极，将红色表笔接到 BV15/7、8 端子，将黑色表笔接到车身的金属壳体，读取电阻值	<1Ω
7		检测 PCAN-H 通信线束： 断开辅助蓄电池负极，将红色表笔接到 TCU BV15/14 端子，将黑色表笔接到 VCU CA66/8 端子，读取电阻值	
8		检测 PCAN-L 通信线束： 断开辅助蓄电池负极，将红色表笔接到 TCU BV15/15 端子，将黑色表笔接到 VCU CA66/7 端子，读取电阻值	
9		完成以上检测	—

经测量，TCU BV15/15 端子至 VCU CA66/7 端子的电阻无穷大，说明 PCAN-L 通信线束断路，修复线束后，故障排除。

四、竣工检验

1）起动车辆，确认车辆是否正常上电。
2）确认车辆是否正常切换档位。
3）整理、恢复作业场地。

减速器控制器的故障诊断与排除		工作任务单	班级：	
			姓名：	

1. 车辆信息记录

品牌		整车型号		生产年月	
驱动电机型号		动力蓄电池电量		行驶里程	
车辆识别代号					

2. 作业场地准备

检查设置隔离栏	□是 □否	检查设置安全警示牌	□是 □否
检查灭火器压力、有效期	□是 □否	安装车辆挡块	□是 □否

3. 记录故障现象

4. 使用故障诊断仪读取故障码、数据流

故障码	
数据流	

5. 拆画减速器控制器电路简图

6. 故障检测

检测对象	检测条件	检测值	标准值	结果判断

（续）

7. 故障确认			
故障点	故障类型		维修措施

8. 竣工检验			
车辆是否正常上电	□是 □否	车辆是否正常切换档位	□是 □否

9. 作业场地恢复			
拆卸车内三件套	□是 □否	拆卸翼子板布	□是 □否
将高压警示牌等放至原位置	□是 □否	清洁、整理场地	□是 □否

【课证融通考评单】 减速器控制器的故障诊断与排除　实习日期：

姓名：	班级：	学号：	教师签名：
自评：□熟练 □不熟练	互评：□熟练 □不熟练	师评：□合格 □不合格	
日期：	日期：	日期：	

减速器控制器的故障诊断与排除【评分细则】

序号	评分项	得分条件	分值	自评	互评	师评
1	安全/7S/态度	1）能进行工位 7S 操作	3			
		2）能进行设备和工具安全检查	3			
		3）能进行车辆安全防护操作	3			
		4）能进行工具清洁、校准、存放操作	3			
		5）能进行三不落地操作	3			
2	专业技能能力	1）能正确确认故障现象	4			
		2）能正确测量辅助蓄电池电压	4			
		3）能正确检测 TCU 供电熔丝电压	7			
		4）能正确检测 TCU 线束端子电压	7			
		5）能正确检测 TCU 线束端子电阻	7			
		6）能确认 TCU 故障部位	7			
		7）能规范修复 TCU 故障部位	7			
		8）能规范验证车辆功能	7			
3	工具及设备的使用能力	1）能正确使用故障诊断仪	4			
		2）能规范使用举升机	4			
		3）能正确使用万用表	5			
4	资料、信息查询能力	1）能正确查询线束插接器的端子含义	2			
		2）能正确使用维修手册查询资料	2			
		3）能正确记录所需维修信息	3			

(续)

序号	评分项	得分条件	分值	自评	互评	师评
5	数据判断和分析能力	1）能判断辅助蓄电池电压是否正常	1			
		2）能判断 TCU 供电是否正常	3			
		3）能判断 TCU 搭铁是否正常	3			
		4）能判断 TCU 通信是否正常	3			
6	表单填写报告的撰写能力	1）字迹清晰	1			
		2）语句通顺	1			
		3）无错别字	1			
		4）无涂改	1			
		5）无抄袭	1			
总分：						

任务四　电子变速杆的故障诊断与排除

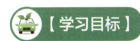

【学习目标】

知识目标：

1）了解纯电动汽车档位的含义及功能。

2）熟悉电子变速杆的工作原理。

3）掌握电子变速杆的故障检修流程。

技能目标：

1）具有正确操作纯电动汽车档位并确认档位使用和仪表显示情况的能力。

2）具有查阅电路图册并拆画电子变速杆电路图的能力。

3）具有对电子变速杆进行故障诊断与排除的能力。

素养目标：

1）在操作过程中树立高压安全意识。

2）通过制订故障检修流程，具备分析问题和解决问题的能力。

3）能在工作结束后按照 7S 管理规定整理、恢复作业场地，养成良好的工作习惯。

【任务描述】

一辆 2018 款吉利 EV450，在踩下制动踏板的同时按下一键起动开关后，驾驶人操作变速杆切换档位，发现仪表盘上档位指示灯闪烁，经维修技师初步诊断，确定电子变速杆故障。请根据该故障现象制订一份电子变速杆的故障检修方案，完成电子变速杆的故障诊断与排除。

新能源汽车底盘技术

【获取信息】

一、认识纯电动汽车档位

想一想：

早期的北汽EV200纯电动汽车没有设置P位，对驻车是否有影响？

_____
_____
_____
_____

纯电动汽车档位的含义与传统汽车一致，通常包括P、R、N、D等档位。

（1）驻车档P　当车辆需要长时间停放时，确保车辆处于静止状态，踩下制动踏板，将变速杆切换至P位。

（2）倒档R　当车辆需要倒退时，确保车辆处于静止状态，踩下制动踏板，将变速杆切换至R位。

（3）空档N　当车辆暂时停驶时，确保车辆处于静止状态，踩下制动踏板，将变速杆切换至N位。

（4）前进档D　当车辆需要前进时，确保车辆处于静止状态，踩下制动踏板，将变速杆切换至D位。

头脑风暴：

纯电动汽车的D位与传统汽车的D位有何区别？
_____
_____

吉利EV450电子变速杆如图1-18所示，布置在中控台下方，P位操作按钮位于电子变速杆上，按压可实现P位锁止或解锁，解锁P位后，电子变速杆处于N位，可通过向上或向下移动电子变速杆实现换档，向上为R位，向下为D位。

二、吉利EV450电子变速杆的工作原理

如图1-19所示，档位传感器和档位控制模块组合为一体，由控制模块、磁铁、霍尔元件组成，档位传感器利用霍尔传感器编码原理，实现档位识别，将信号输入至控制模块，然后通过P-CAN网络与VCU通信，传输档位信息。

图1-18　吉利EV450电子变速杆

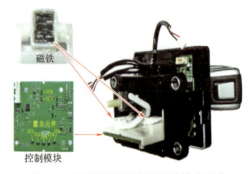

图1-19　制动能量回收及驾驶模式调节

电子变速杆的故障诊断与排除	学习任务单	班级：
		姓名：

1. 在纯电动汽车中下列各档位的作用和特点。

   P 位：_____   R 位：_____

   N 位：_____   D 位：_____

2. 纯电动汽车的倒档通过驱动电机_____实现。

3. 驾驶人操作电子变速杆进入 P 位，电子变速杆将驻车请求信号发送到_____。

4. 写出图中所指零部件的含义。

【任务实施】 电子变速杆的故障诊断与排除

实训器材：

吉利 EV450、故障诊断仪、常用工具和维修手册等。

作业准备：

检查举升机，车辆在工位停放周正，铺好车内和车外护套。

【操作步骤】

一、确认故障现象

起动车辆，操作变速杆在 P、R、N、D 4 个档位进行切换，观察车辆仪表是否显示对应的档位。连接故障诊断仪，按下一键起动开关，打开故障诊断仪进入 EGSM 模块，读取故障码和数据流。

二、执行高压断电作业

关闭起动开关，断开辅助蓄电池负极，并可靠放置，等待 5min 以上，断开直流母线，使用万用表验电，确保母线电压低于 50V。

扫一扫

电子变速杆的故障诊断与排除

三、故障检测

序号	操作示意图	操作方法	标准
1		测量辅助蓄电池电压：将红色表笔接到辅助蓄电池的正极，将黑色表笔接到辅助蓄电池的负极，读取直流电压数值	11~14V
2		断开辅助蓄电池负极，拆卸换档机构装饰面板总成	断开辅助蓄电池负极后注意做好负极防护
3		断开EPB（电子驻车制动系统）驻车制动开关线束插接器，取下换档机构面板装饰总成	按要求解除插接器锁止
4		拆卸并取下副仪表面板总成	注意面板后部的卡扣是否完全拆除
5		断开驾驶模式开关总成线束插接器	按要求解除插接器锁止

（续）

序号	操作示意图	操作方法	标准
6		拆卸电子变速杆总成4个固定螺栓	对角交叉拆卸
7		断开电子变速杆总成线束插接器IP53	按要求解除插接器锁止
8		检查减速器控制器供电熔丝IF08、IF23： 将黑色表笔接到车身的金属壳体，将红色表笔依次接到IF08、IF23的输入端和输出端，读取直流电压数值	11~14V
9		检查IF08、IF23插脚电阻： 将红色、黑色表笔分别接到IF08、IF23的输入端和输出端，读取电阻数值	<1Ω
10		检测熔丝IF08、IF23电路对地电阻： 将红色表笔接到IF08、IF23的输入端，将黑色表笔接到车身的金属壳体，读取电阻值，确认是否存在短路现象	无穷大

(续)

序号	操作示意图	操作方法	标准
11		检测 IP53 供电端子： 连接辅助蓄电池负极，将红色表笔接到 IP53/1、2 端子，将黑色表笔接到车身的金属壳体，读取直流电压数值	11~14V
12		检测 IP53 接地端子： 断开辅助蓄电池负极，将红色表笔接到 IP53/10 端子，将黑色表笔接到车身的金属壳体，读取电阻值	<1Ω
13		检测 PCAN-H 通信线束： 断开辅助蓄电池负极，将红色表笔接到电子变速杆 IP53/4 端子，将黑色表笔接到 VCU CA66/8 端子，读取电阻值	<1Ω
14		检测 PCAN-L 通信线束： 断开辅助蓄电池负极，将红色表笔接到电子变速杆 IP53/5 端子，将黑色表笔接到 VCU CA66/7 端子，读取电阻值	<1Ω

经测量，电子变速杆插接器 IP53/10 端子对车身地电阻无穷大，说明搭铁断路故障，修复搭铁线束后，故障排除。

四、竣工检验

1）按照相反顺序安装相关线束插接器。
2）起动车辆，确认车辆上电是否正常。
3）验证车辆换档是否正常。
4）整理、恢复作业场地。

电子变速杆的故障诊断与排除		工作任务单	班级：	
			姓名：	

1. 车辆信息记录

品牌		整车型号		生产年月	
驱动电机型号		动力蓄电池电量		行驶里程	
车辆识别代号					

2. 作业场地准备

检查设置隔离栏	□是 □否	检查设置安全警示牌	□是 □否
检查灭火器压力、有效期	□是 □否	安装车辆挡块	□是 □否

3. 记录故障现象

4. 使用故障诊断仪读取故障码、数据流

故障码	
数据流	

5. 拆画电子变速杆的电路简图

6. 故障检测

检测对象	检测条件	检测值	标准值	结果判断

7. 故障确认

故障点	故障类型	维修措施

8. 竣工检验

车辆是否正常上电	□是 □否	车辆是否正常切换档位	□是 □否

9. 作业场地恢复

拆卸车内三件套	□是 □否	将高压警示牌等放至原位置	□是 □否
拆卸翼子板布	□是 □否	清洁、整理场地	□是 □否

【课证融通考评单】电子变速杆的故障诊断与排除		实习日期：	
姓名：	班级：	学号：	教师签名：
自评：□熟练 □不熟练	互评：□熟练 □不熟练	师评：□合格 □不合格	
日期：	日期：	日期：	

电子变速杆的故障诊断与排除【评分细则】

序号	评分项	得分条件	分值	自评	互评	师评
1	安全/7S/态度	1）能进行工位7S操作	3			
		2）能进行设备和工具安全检查	3			
		3）能进行车辆安全防护操作	3			
		4）能进行工具清洁、校准和存放操作	3			
		5）能进行三不落地操作	3			
2	专业技能能力	1）能正确确认故障现象	4			
		2）能规范拆卸电子变速杆插接器	4			
		3）能正确测量辅助蓄电池电压	7			
		4）能检测电子变速杆线束端子电压	7			
		5）能检测电子变速杆线束端子电阻	7			
		6）能确认电子变速杆的故障部位	7			
		7）能规范修复电子变速杆的故障部位	7			
		8）能规范验证电子变速杆的功能	7			
3	工具及设备的使用能力	1）能正确使用故障诊断仪	4			
		2）能正确使用内饰拆卸板	4			
		3）能正确使用万用表	5			
4	资料、信息查询能力	1）能正确查询线束插接器的端子含义	2			
		2）能正确使用维修手册查询资料	2			
		3）能正确记录所需维修信息	3			
5	数据判断和分析能力	1）能判断辅助蓄电池电压是否正常	1			
		2）能判断电子变速杆供电是否正常	3			
		3）能判断电子变速杆搭铁是否正常	3			
		4）能判断电子变速杆通信是否正常	3			
6	表单填写报告的撰写能力	1）字迹清晰	1			
		2）语句通顺	1			
		3）无错别字	1			
		4）无涂改	1			
		5）无抄袭	1			

总分：

学习情境二

混合动力汽车传动系统的故障检修

混合动力汽车传动系统的故障检修主要包括两个任务，任务一为认识混合动力汽车传动系统，主要介绍丰田混合动力汽车传动系统的布置形式；任务二为混合动力汽车不传动的故障诊断与排除，主要讲解丰田卡罗拉车型不传动的故障诊断与排除。

任务一　认识混合动力汽车传动系统

【学习目标】

知识目标：

1）掌握混合动力汽车传动系统的类型。
2）熟悉不同混合动力汽车传动系统类型的特点。
3）掌握典型混合动力汽车传动系统的结构。

技能目标：

具有依据维修手册检查混合动力汽车传动系统主要部件的能力。

素养目标：

1）在操作过程中树立高压安全意识。
2）能在工作结束后按照 7S 管理规定整理、恢复作业场地，养成良好的工作习惯。
3）通过学习比亚迪 DM-i 超级混动技术，树立绿色低碳的环保意识。

【任务描述】

客户王先生想购买一辆最新款丰田卡罗拉汽车，到 4S 店后发现该类车型的双擎油电混合版畅销，王先生想了解双擎车辆与传统燃油汽车的传动系统有何不同。你能根据客户的需求，为他介绍混合动力汽车传动系统的主要部件吗？

【获取信息】

扫一扫

认识混合动力汽车传动系统

一、混合动力汽车传动系统的类型

混合动力汽车传动系统主要分为串联式混合动力系统、并联式混合动力系统和混联式混合动力系统。

1. 串联式混合动力系统

串联式混合动力系统由发动机、发电机和电动机 3 部分动力总成组成。发动机驱动发电机发电，该发电机在车辆行驶时为电动机供电或者给动力蓄电池充电，因发动机并不直接驱动车轮，因此也不需要变速器，如图 1-20 所示。

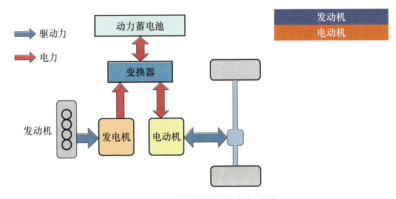

图 1-20　串联式混合动力系统

2. 并联式混合动力系统

并联式混合动力系统有两套驱动系统，即传统的内燃机系统和电动机驱动系统。车内只有一台电机，驱动车轮的时候充当电动机，不驱动车轮给动力蓄电池充电的时候充当发电机。并联式混合动力系统以发动机为主、电动机为辅，发动机与电动机共同驱动同一动力输出轴，系统输出动力等于两者动力之和，如图 1-21 所示，其中最为代表性的是本田 IMA 系统。

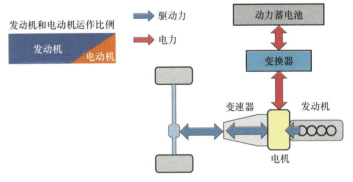

图 1-21　并联式混合动力系统

3. 混联式混合动力系统

混联式混合动力系统的内燃机系统和电动机驱动系统各有一套机械变速机构，两套机构通过齿轮或行星轮式机构结合在一起，从而综合调节内燃机与电动机之间的转速关系。混联式有两个电动机，一个电动机仅用于直接驱动车轮，还有一个电动机具有双重角色：当需要极限性能的时候，充当电动机直接驱动车轮；当电力不足的时候，就充当发电机，给动力蓄电池充电，如图 1-22 所示。混联式混合动力系统结构复杂，但动力性能和燃油经济性都相当出色，其中最出名为丰田 THS-II 系统。

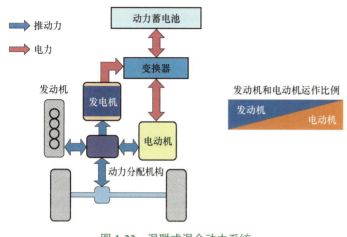

图 1-22　混联式混合动力系统

知识拓展：

2021 年 1 月 11 日，比亚迪 DM-i 超级混动正式发布。DM-i 超级混动搭载超级电混系统，是以电为主的混动技术，具备快、省、静、顺、绿等多重优势；亏电油耗低至 3.8L/ 百公里，可油可电综合续驶里程突破 1200km，百公里加速时间比同级别燃油车快 2~3s。DM-i 超级混动是基于超级电混系统，以电为主的混动技术。在架构上，DM-i 超级混动以超安全大容量电池和高性能大功率扁线电机为设计基础，主要依靠大功率高效电机进行驱动，汽油机的主要功能是在高效转速区发电，适时直驱，改变了传统混动技术主要依赖发动机、以油为主的设计架构，从而大幅降低了油耗。

二、混合动力汽车传动系统的结构

以丰田 P610 为例，该传动桥应用于 2019 款丰田雷凌 - 卡罗拉双擎等车型上。丰田 P610 混合动力汽车传动桥总成包括 2 号电动 / 发电机（MG2）（用于驱动车辆）和 1 号电动 / 发电机（MG1）（用于发电），采用带复合齿轮装置的无级变速器装置，使用电子变速杆系统进行换档控制。

1. 传动桥的结构

传动桥主要包括 MG1、MG2、复合齿轮装置、变速器输入减振器总成、中间轴齿轮、减速齿轮、差速器齿轮机构和油泵，如图 1-23 所示。

2. 复合齿轮装置的结构

发动机、MG1 和 MG2 通过复合齿轮装置机械连接。复合齿轮装置由动力分配行星齿轮机构和电动机减速行星齿轮机构组成，每一个行星齿圈与复合齿轮机构结合。

动力分配行星齿轮机构将发动机的原动力分成两个通路：一个通路提供驱动车轮的原动力；另一个通路用来驱动 MG1。因此，MG1 可作为发电机使用。为了降低 MG2 的转速，采用电机减速行星齿轮机构，使高转速、大功率的 MG2 最佳地适应复合齿轮。

3. 传动桥减振器

为了吸收发动机原动力的转矩波动，采用变速器输入减振器总成。此总成包括具有低扭转特性的螺旋弹簧。转矩限制器采用干式、单盘摩擦材料。通过使用这些零件，减振器结构能够很好地吸收发动机原动力的振动。

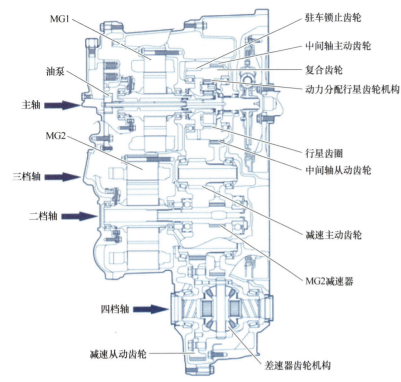

图 1-23 丰田 P610 传动桥的结构图

4. 传动桥润滑系统

传动桥润滑系统采用了经由减速主动齿轮和集油箱的甩油式润滑方式。集油箱暂时存储甩起的油,并向齿轮系统的不同部位供油。此外,为了向 MG1 和 MG2 高效供油,集油箱内采用了油孔,以润滑机构部件。

5. 电子变速杆系统

电子变速杆系统是一个使用线控换档技术的换档控制系统。此系统根据各种传感器、开关和 ECU 提供的信息判断车辆状态,并根据驾驶人的变速器地板式换档总成和 P 位开关(变速器换档主开关)操作激活适当的换档控制。

认识混合动力汽车传动系统	学习任务单	班级:
		姓名:

1. 绘制出串联式混合动力汽车的动力传递路线图。

2. 绘制出并联式混合动力汽车的动力传递路线图。

项目一 传动系统的故障检修

3. 绘制出混联式混合动力汽车的动力传递路线图。

【任务实施】检查混合动力汽车传动桥油压

实训器材：

丰田卡罗拉双擎轿车、举升机、常用工具和维修手册等。

作业准备：

检查举升机，车辆在工位停放周正。

【操作步骤】

一、举升车辆

确认车辆下电，妥善保管智能钥匙，规范举升车辆。

二、检查传动桥油压

序号	操作示意图	操作方法	标准
1		拆卸发动机1号底罩总成	依次拆卸发动机底罩总成固定螺钉
2		拆卸发动机后部左侧底罩	使用专用工具拆卸卡扣

37

（续）

序号	操作示意图	操作方法	标准
3		从变速器油泵盖分总成上拆下油泵盖螺塞和O形圈	注意检查O形圈的技术状况，视情更换
4		将SST安装到变速器油泵盖分总成上	选用合适接头，并可靠连接
5		将发动机置于保养模式： 将电源开关置于ON位；选择P位，完全踩下加速踏板两次；选择N位，完全踩下加速踏板两次；选择P位时，完全踩下加速踏板两次；踩下制动踏板，将电源开关置于ON位起动发动机	多信息显示屏上应显示进入保养模式
6		测量传动桥油压： 将发动机急速转速（保养模式）保持至900~1000r/min进行测量	混合动力传动桥油压应为10kPa或更高
7		从变速器油泵盖分总成上拆下SST，更换新O形圈并将其安装到油泵盖螺塞上，将油泵盖螺塞安装到变速器油泵盖分总成上	油泵盖螺塞拧紧力矩为8N·m

三、整理恢复作业场地

1）安装发动机 1 号底罩总成。

2）安装发动机底罩。

3）确认车辆起动、运转正常。

4）清洁、整理场地。

认识混合动力汽车传动系统	工作任务单	班级：	
		姓名：	

1. 车辆信息记录

品牌		整车型号		行驶里程	
车辆识别代号					

2. 测量混合动力传动桥油压

1）连接 SST	
拆卸发动机底罩	□是 □否
拆下油泵盖螺塞和 O 形圈	□是 □否
2）将发动机置于保养模式	□是 □否
3）测量油压_____	□正常 □异常

3. 拆卸 SST

4. 安装油泵盖螺塞和 O 形圈

1）在新 O 形圈上涂抹 ATF，并将其安装到油泵盖螺塞上	□是 □否
2）安装油泵盖螺栓，安装力矩为_____	

5. 作业场地恢复

清洁、整理场地	□是 □否

【课证融通考评单】 认识混合动力汽车传动系统		实习日期：	
姓名：	班级：	学号：	教师签名：
自评：□熟练 □不熟练	互评：□熟练 □不熟练	师评：□合格 □不合格	
日期：	日期：	日期：	

认识混合动力汽车传动系统【评分细则】

序号	评分项	得分条件	分值	自评	互评	师评
1	安全/7S/态度	1）能进行工位 7S 操作	3			
		2）能进行设备和工具安全检查	3			
		3）能进行车辆安全防护操作	3			
		4）能进行工具清洁、校准、存放操作	3			
		5）能进行三不落地操作	3			

(续)

序号	评分项	得分条件	分值	自评	互评	师评
2	专业技能能力	1）能规范拆卸发动机底罩	10			
		2）能正确连接 SST	10			
		3）能正确将发动机置于保养模式	10			
		4）能正确测量传动桥油压	10			
		5）能规范清洁作业场地	10			
3	工具及设备的使用能力	1）能规范使用举升机	4			
		2）能正确使用检测设备	4			
		3）能规范操作车辆上下电	5			
4	资料、信息查询能力	1）能正确使用维修手册查询资料	3			
		2）能正确记录所需维修信息	4			
5	数据判断和分析能力	1）能判断螺栓O形圈是否正常	3			
		2）能判断传动桥油压是否正常	4			
		3）能判断发动机是否处于保养模式	3			
6	表单填写报告的撰写能力	1）字迹清晰	1			
		2）语句通顺	1			
		3）无错别字	1			
		4）无涂改	1			
		5）无抄袭	1			
总分：						

任务二　混合动力汽车不传动的故障诊断与排除

【学习目标】

知识目标：

1）掌握混合动力汽车不传动的故障原因。

2）掌握混合动力汽车传动系统电子变速杆系统的组成部件及功能。

3）掌握典型混合动力汽车传动系统电子变速杆的控制原理。

技能目标：

具有依据维修手册检修混合动力汽车变速杆位置传感器故障的能力。

素养目标：

1）在操作过程中强化规范操作意识。

2）提升分析问题、解决问题的能力。

【任务描述】

一辆搭载 P610 混合动力桥的丰田-卡罗拉混合动力汽车，出现挂档后无法向前或向后行驶，组合仪表也发出报警，出现"检查混合动力系统"的提示信息，蜂鸣器也响，车主将车送往维修厂进行维修检查。经过维修技师的专业诊断，初步判定电子变速杆系统出现故障，请根据该故障现象制订一份电子变速杆系统故障检修方案，完成电子变速杆的故障诊断与排除。

【获取信息】

一、电子变速杆系统部件的功能

1. 系统部件的安装位置

系统部件的安装位置如图 1-24 所示。

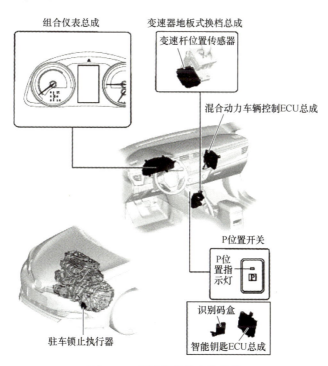

图 1-24　系统部件的安装位置

2. 系统部件的功能

（1）变速杆位置传感器　变速杆位置传感器检测变速杆位置（P、R、N、D、B）并发送信号至混合动力车辆控制 ECU 总成。

（2）P 位置开关　P 位置开关打开时，检测驾驶人进行驻车锁止的意图，并将信号发送至混合动力车辆控制 ECU 总成。

（3）驻车锁止执行器　驻车锁止执行器接合或解除传动桥驻车锁止机构。

（4）混合动力车辆控制 ECU 总成　混合动力车辆控制 ECU 总成控制发动机转速、MG1 和 MG2 的工作状态，产生最佳传动比；激活驻车锁止执行器，以接合或解除传动桥的驻车。

（5）智能钥匙ECU总成　智能钥匙ECU总成识别钥匙输出的识别码。

（6）识别码盒　识别码盒对比识别码。

（7）组合仪表总成　根据来自混合动力车辆控制ECU总成的档位信号，点亮驾驶人选择的换档位置指示灯；拒绝功能激活时，通过鸣响提醒驾驶人；根据混合动力车辆控制ECU总成提供的信号显示警告信息。

二、换档控制原理

变速器地板式换档总成中的变速杆位置传感器检测变速杆位置（P、R、N、D、B）并发送信号至混合动力车辆控制ECU总成，混合动力车辆控制ECU总成控制发动机转速、MG1和MG2的工作状态，产生最佳传动比。

混合动力车辆控制ECU总成根据来自变速杆位置传感器的信号选择档位，使用此系统，驾驶人按下P位置开关（变速器换档主开关）时，P位置控制驱动混合动力车辆传动桥总成内的换档控制执行器总成，以机械锁止驻车档齿轮。换档控制原理图如图1-25所示。

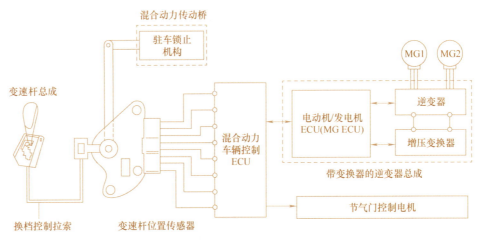

图1-25　换档控制原理图

三、电子变速杆系统的功能

1. 拒绝功能

为了确保安全，即使驾驶人操作变速杆或P位置开关，此系统也不可能改变档位。如果换档操作被拒绝，蜂鸣器鸣响以指示操作被拒绝，并在组合仪表总成的多信息显示屏上显示所推荐的操作。例如，驾驶人未踩下制动踏板并选择驻车档（P位）的情况下，移动变速杆选择另一档位，多信息显示屏上将显示保持在驻车档（P位）。

2. 失效保护

如果混合动力车辆控制ECU总成检测到系统有故障，将根据存储器中存储的数据控制系统。

3. 诊断功能

如果混合动力车辆控制 ECU 总成检测到系统出现故障，将闪烁并点亮主警告灯，并在多信息显示屏上显示信息，以警告驾驶人，同时将执行诊断并存储故障部位，同时将诊断故障码（DTC）存入存储器中。

混合动力汽车不传动的故障诊断与排除	学习任务单	班级： 姓名：

1. 查阅维修手册，写出图中标注的零件名称。

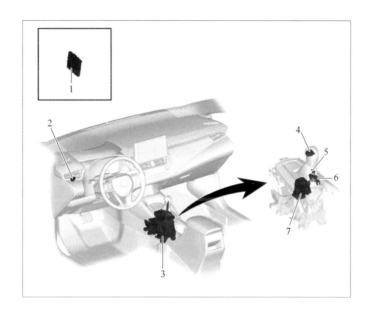

1. _____   2. _____   3. _____
4. _____   5. _____   6. _____
7. _____

2. 根据系统原理图简述换档锁止系统的工作原理。

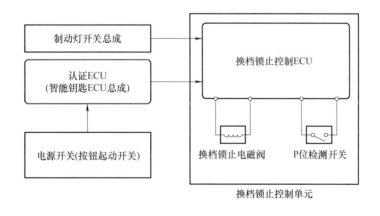

_____

_____

_____

 混合动力汽车不传动的故障诊断与排除

实训器材：

丰田卡罗拉混合动力轿车、举升机、常用工具和维修手册等。

作业准备：

检查举升机，车辆在工位停放周正。

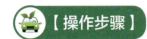

一、确认故障现象

确认该车仪表盘的警告灯点亮，车辆无法行驶，踩下加速踏板没有任何反应，连接故障诊断仪读取 DTC，故障码为：P181B62（换档传感器信号对比故障）。车辆下电后，清除故障码。清除故障码后，将电源开关置于 ON（IG）位，将变速杆缓慢从 P 位移至 B 位，然后回到 P 位，检查是否输出 DTC，发现仍然输出 DTC，说明是真实故障。

二、执行高压断电作业

关闭起动开关，断开辅助蓄电池负极，并可靠放置，等待 5min 以上，断开直流母线，使用万用表验电，确保母线电压低于 50V。

三、故障检测

序号	操作示意图	操作方法	标准
1	数据流名称／值／单位：换档开关状态（N，驻车档）接通；档位位置 驻车档；换档位置（仪表）驻车档；换档位置传感器（PNB）接通；换档位置传感器（PR）接通；换档位置传感器（DB2）断开；换档位置传感器（DB1）断开；换档位置传感器（N）断开；换档位置传感器（R）断开；换档位置传感器（P）接通	将变速杆置于 P 位：读取数据流，确定变速杆位置传感器的状态	换档位置传感器（PNB、PR、P）应接通，换档位置传感器（DB1、DB2、N、R）应断开
2	数据流名称／值／单位：档位位置 R；换档位置（仪表）R；换档位置传感器（PNB）断开；换档位置传感器（PR）接通；换档位置传感器（DB2）断开；换档位置传感器（DB1）断开；换档位置传感器（N）断开；换档位置传感器（R）接通	将变速杆置于 R 位：读取数据流，确定变速杆位置传感器的状态	换档位置传感器（PR、R）应接通，换档位置传感器（PNB、DB1、DB2、N、P）应断开

（续）

序号	操作示意图				操作方法	标准
3	数据流名称 档位位置 换档位置（仪表） 换档位置传感器（PNB） 换档位置传感器（PR） 换档位置传感器（DB2） 换档位置传感器（DB1） 换档位置传感器（N） 换档位置传感器（R）	值 空档 空档 接通 断开 断开 断开 接通 断开	单位		将变速杆置于N位：读取数据流，确定变速杆位置传感器的状态	换档位置传感器（PNB、N）应接通，换档位置传感器（PR、DB1、DB2、R、P）应断开
4	数据流名称 档位位置 换档位置（仪表） 换档位置传感器（PNB） 换档位置传感器（PR） 换档位置传感器（DB2） 换档位置传感器（DB1） 换档位置传感器（N）	值 D D 断开 断开 接通 接通 断开	单位		将变速杆置于D位：读取数据流，确定变速杆位置传感器的状态	换档位置传感器（DB1、DB2）应接通，换档位置传感器（PNB、PR、R、P）应断开
5	数据流名称 档位位置 换档位置（仪表） 换档位置传感器（PNB） 换档位置传感器（PR） 换档位置传感器（DB2） 换档位置传感器（DB1）	值 B B 接通 断开 接通 接通	单位		将变速杆置于B位：读取数据流，确定变速杆位置传感器的状态	换档位置传感器（PNB、DB1、DB2）应接通，换档位置传感器（PR、R、P）应断开

经测量，车辆切换到D位后，换档传感器（N）始终处于断开状态，换档波形图无变化，更换变速杆位置传感器后，重新切换到D位后，数据流、换档波形均恢复正常，如图1-26所示。

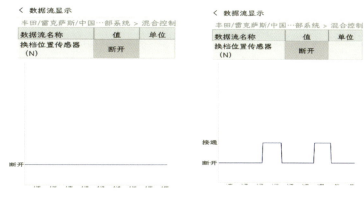

图1-26　故障前后波形图对比

四、竣工检验

1）起动车辆，确认车辆上电是否正常。

2）验证车辆换档是否正常。

3）整理、恢复作业场地。

混合动力汽车不传动的故障诊断与排除	工作任务单	班级：
		姓名：

1. 车辆信息记录					
品牌		整车型号		行驶里程	
车辆识别代号					

2. 作业场地准备	
检查设置隔离栏	□是 □否
检查设置安全警示牌	□是 □否
检查灭火器压力、有效期	□是 □否
安装车辆挡块	□是 □否

3. 记录故障现象

4. 使用故障诊断仪读取数据流				
检测对象	检测条件	异常数据流	标准值	结果判断

5. 故障确认		
故障点	故障类型	维修措施

6. 竣工检验	
车辆是否正常上电	□是 □否
车辆是否正常切换档位	□是 □否

7. 作业场地恢复	
拆卸车内三件套	□是 □否
拆卸翼子板布	□是 □否
将高压警示牌等放至原位置	□是 □否
清洁、整理场地	□是 □否

【课证融通考评单】	混合动力汽车不传动的故障诊断与排除	实习日期：	
姓名：	班级：	学号：	教师签名：
自评：□熟练 □不熟练	互评：□熟练 □不熟练	师评：□合格 □不合格	
日期：	日期：	日期：	

混合动力汽车不传动的故障诊断与排除【评分细则】

序号	评分项	得分条件	分值	自评	互评	师评
1	安全/7S/态度	1）能进行工位7S操作	3			
		2）能进行设备和工具安全检查	3			
		3）能进行车辆安全防护操作	3			
		4）能进行工具清洁、校准和存放操作	3			
		5）能进行三不落地操作	3			
2	专业技能能力	1）能正确确认故障现象	5			
		2）能规范拆卸电子变速杆线束插接器	5			
		3）能正确读取不同档位的数据流	8			
		4）能正确读取不同档位的波形图	8			
		5）能确认电子变速杆故障部位	8			
		6）能规范修复电子变速杆故障部位	8			
		7）能规范验证电子变速杆的功能	8			
3	工具及设备的使用能力	1）能正确使用故障诊断仪	4			
		2）能正确使用内饰拆卸板	4			
		3）能正确使用万用表	5			
4	资料、信息查询能力	1）能正确查询线束插接器端子含义	2			
		2）能正确使用维修手册查询资料	2			
		3）能正确记录所需维修信息	3			
5	数据判断和分析能力	1）能判断辅助蓄电池电压是否正常	2			
		2）能判断电子变速杆数据流是否正常	4			
		3）能判断电子变速杆波形图是否正常	4			
6	表单填写报告的撰写能力	1）字迹清晰	1			
		2）语句通顺	1			
		3）无错别字	1			
		4）无涂改	1			
		5）无抄袭	1			
总分：						

项目二
行驶系统的故障检修

行驶系统的故障诊断主要包括 3 个学习情境：悬架的故障检修、电控悬架的故障检修和轮胎气压监测系统的故障检修。

学习情境一

悬架的故障检修

悬架是车架与车桥之间一切传力、连接装置的总称。悬架系统由弹性元件、导向机构以及减振器等组成。如果悬架系统发生故障,会造成行驶跑偏,轮胎异常或严重磨损,轮胎摆振、摇振或颤动,汽车行驶时有噪声及汽车摆动或方向性差等。

任务 下摆臂的更换

【学习目标】

知识目标:
1) 了解独立悬架的结构组成。
2) 了解非独立悬架的结构组成。
3) 掌握各种类型悬架的工作原理。

技能目标:
1) 具有判断悬架系统机械故障的能力。
2) 具有制订下摆臂更换工作流程的能力。
3) 具有能依据维修手册对悬架的下摆臂进行检查和更换的能力。

素养目标:
1) 在操作过程中树立安全操作意识。
2) 通过制订故障检修流程,具备分析问题和解决问题的能力。
3) 能在工作结束后按照 7S 管理规定整理、恢复作业场地,养成良好的工作习惯。

【任务描述】

一辆 2018 款吉利 EV450,在车辆行驶过程中听到底盘有异响声音,仪表上无任何故障灯显示,经维修技师初步诊断,确定该车悬架下摆臂球头有脱出故障。请根据该故障现

项目二 行驶系统的故障检修

象制订一份前悬架下摆臂故障检修方案，完成车辆前悬架下摆臂的更换。

【获取信息】

一、认识纯电动汽车悬架

悬架一般由弹性元件、减振器和导向机构3部分组成，它们分别起着缓冲、减振、导向和传力及力矩的作用。

二、悬架的类型

根据汽车悬架的结构不同，通常将悬架分为独立悬架和非独立悬架两大类。

1. 独立悬架

（1）双叉臂式独立悬架　双叉臂式独立悬架一般是上下两个控制臂支撑装有车轴的转向节，在上、下控制臂之间安装减振器。这种悬架可通过自由设定控制臂长度来使汽车具有良好的转弯性能、直线行驶性能及乘坐舒适性能，如图2-1所示。

（2）撑杆式独立悬架　因为减振器兼作悬架支柱，故将这种方式称为撑杆式独立悬架，用作前轮时，称为麦弗逊式撑杆式独立悬架；而用作后轮时，被称为查普曼式撑杆式独立悬架。其结构是将装有减振器撑杆的上端安装在车身上，下端借助于控制臂与车轴连接。这种悬架构件数量少，重量轻，节省空间，如图2-2所示。

图2-1　双叉臂式独立悬架

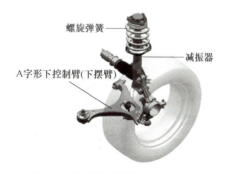

图2-2　麦弗逊式撑杆式独立悬架

2. 非独立悬架

非独立悬架的结构特点是两侧的车轮安装在一根整体式车桥上，若一侧车轮因路面不平跳动，会影响另一侧车轮位置的变化，这样就影响车身的平稳性和高速行驶时汽车的稳定性，但这种悬架结构简单，制造方便，所以一般在货车上普遍应用，而新能源汽车上并没有使用该悬架结构。

（1）钢板弹簧非独立悬架　采用钢板弹簧作为弹性元件，兼起着导向装置的功能，并有一定的减振作用，它大大简化了悬架的结构。钢板弹簧结构简单，具有耐久性，可降低高度，使驾驶室与车厢底板平坦，如图2-3所示。

图2-3　钢板弹簧非独立悬架

51

（2）螺旋弹簧非独立悬架　螺旋弹簧非独立悬架一般只作为轿车的后悬架，螺旋弹簧的上端装在车架上的特制支座上，而下端固定在后桥壳的座上，并设置有纵横向杆件，用以传递驱动力、制动力及其力矩、横向力。悬架中还装有减振器，如图2-4所示。

想一想：

一般汽车的前悬架采用的是哪一种悬架？

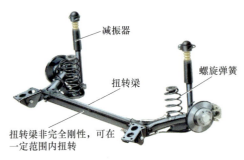

图2-4　螺旋弹簧非独立悬架

三、悬架的主要零部件

1. 弹性元件

汽车悬架的弹性元件主要包括钢板弹簧、螺旋弹簧、扭杆弹簧、气体弹簧、横向稳定杆。

（1）螺旋弹簧　螺旋弹簧是一根钢丝拧成螺旋状的弹簧，如图2-5所示，它有以下优点：无须润滑，不怕油污，质量小，所占空间不大，具有良好的吸收冲击能力，可改善乘坐舒适性，但它只能承受垂直载荷，且无减振作用，弹簧悬架被广泛应用于独立悬架上。

（2）扭杆弹簧　扭杆弹簧是具有扭转弹性的弹簧钢制成的杆，如图2-6所示，一端固定于车架，另一端与控制臂连接，控制臂则与车轮相连，车轮上下运动时，扭力杆便发生扭曲，起弹簧的作用，借以保证车轮与车架的弹性联系。

图2-5　螺旋弹簧　　　　　　　　图2-6　扭杆弹簧

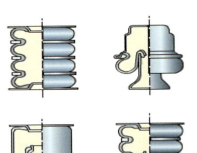

图2-7　气体弹簧

（3）气体弹簧　气体弹簧主要用在主动悬架上，是在密封的容器中充入压缩空气和油液，利用气体的可压缩性实现其弹簧的作用，这种弹簧是可变的，如图2-7所示。

（4）横向稳定杆　横向稳定杆是一根贯穿车身下部的弹性扭杆，它横向地安装在汽车上，两侧末端用橡胶衬套与悬架摇臂相连，当一侧前轮与车身的垂直距离减小或增大时，通过横向稳定杆的扭转，减小了车身的倾斜，它的安装使汽车行驶的平顺性、舒适性和操纵稳定性得到了较大的提高，如图 2-8 所示。

2. 减振器

减振器的作用是迅速衰减汽车行驶中产生的振动，以提高汽车的行驶平顺性。减振器的工作原理是利用液体流动的阻力来消耗振动的能量，使振动消失。双作用筒式减振器的构造如图 2-9 所示。

3. 导向机构

独立悬架上的弹性元件，大多只能传递垂直载荷而不能传递纵向力和横向力，必须另设导向机构，以承受传递车轮传递过来的纵向力和力矩以及侧向力。悬架导向机构决定着车轮定位参数及其动态性能，是悬架的关键部件之一，典型的导向装置如图 2-10 所示。

图 2-8　横向稳定杆

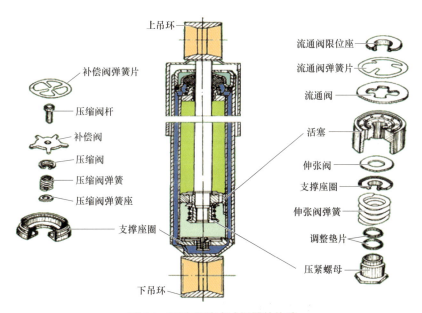

图 2-9　双作用筒式减振器的构造

悬架导向机构的结构形式有很多，根据不同的用途也有多种。轿车上，对于整体式车轴，主要的导向机构形式有板簧式、A 形架式、双横臂式、双纵臂式、拖曳臂式和柔性梁式。对于独立悬架，主要有单（双）纵臂式、双横臂式、麦弗逊式撑杆式、多连杆式、拖曳臂式、半拖曳臂式和摆动轴式等。

【任务实施】 下摆臂的更换

图 2-10　典型的导向装置

实训器材：

吉利 EV450、故障诊断仪、常用工具和维修手册等。

作业准备：

检查举升机，车辆在工位停放周正，铺好车内和车外护套。

新能源汽车底盘技术

【操作步骤】

扫一扫

更换下摆臂

一、确认故障现象

举升车辆，起动车辆，仔细听底盘是否有异响，观察车辆底盘有无异常情况。

二、检查车辆底盘的情况

车辆置于举升位置，仔细检查车辆底盘情况，观察有无漏液漏油，用专用工具检查底盘结构件有无松动的情况发生。

三、故障检测及恢复

序号	操作示意图	操作方法	标准
1		使用举升机举升车辆至高位	四点可靠举升，举升车辆离地后，应检查车辆是否支撑牢固
2		用撬杠检查悬架结构件有无松旷	下摆臂应连接牢靠，无松旷
3		检查底盘结构件附近有无漏油的情况发生	下摆臂附近应无漏油

54

（续）

序号	操作示意图	操作方法	标准
4		用拆卸工具取出车轮螺母罩，使用扭力扳手拧松车轮螺母	应对角依次拧松车轮螺母
5		举升车辆，使用拆胎工具拆卸车轮螺母	举升车辆至车轮离地，依次拆下车轮固定螺母
6		拆卸下摆臂与前副车架前固定螺栓	使用套筒拆下固定螺栓
7		拆卸下摆臂与前副车架后固定螺栓及螺母	使用套筒拆下固定螺栓
8		从前副车架上取下下摆臂总成	先拆下下摆臂球头，再拆下下摆臂总成

（续）

序号	操作示意图	操作方法	标准
9		安装下摆臂总成至前副车架	注意球头安装位置
10		安装下摆臂与前副车架的两个固定螺栓	螺栓拧紧力矩为210N·m

四、竣工检验

1）起动车辆，验证车辆底盘悬架的功能。

2）整理、恢复作业场地。

下摆臂的更换		工作任务单	班级：
			姓名：
1. 车辆信息记录			
品牌		整车型号		生产年月	
驱动电机型号		动力蓄电池电量		行驶里程	
车辆识别代号					
2. 作业场地准备			
检查设置隔离栏			□是 □否
检查设置安全警示牌			□是 □否
检查灭火器压力、有效期			□是 □否
安装车辆挡块			□是 □否
3. 记录故障现象			

(续)

4. 制订更换下摆臂的流程图

5. 故障检测

检测对象	检测条件	检测情况标准值	结果判断

6. 故障确认

故障点	故障类型	维修措施

7. 竣工检验

车辆是否正常行驶	□是 □否
车辆是否存在异响	□是 □否

8. 作业场地恢复

拆卸车内三件套	□是 □否
拆卸翼子板布	□是 □否
将高压警示牌等放至原位置	□是 □否
清洁、整理场地	□是 □否

【课证融通考评单】 下摆臂的更换			实习日期：			
姓名：		班级：	学号：		教师签名：	
自评：□熟练 □不熟练		互评：□熟练 □不熟练	师评：□合格 □不合格			
日期：		日期：	日期：			

下摆臂的更换【评分细则】

序号	评分项	得分条件	分值	自评	互评	师评
1	安全/7S/态度	1）能进行工位7S操作	3			
		2）能进行设备和工具安全检查	3			
		3）能进行车辆安全防护操作	3			
		4）能进行工具清洁、校准、存放操作	3			
		5）能进行三不落地操作	3			
2	专业技能能力	1）能正确确认故障现象	6			
		2）能规范进行高压断电	7			
		3）能规范地拆卸左右前轮胎	7			
		4）能规范地拆卸下摆臂与前副车架	7			
		5）能规范地拆卸下摆臂	7			
		6）能规范地安装下摆臂	7			
		7）能规范地安装下摆臂与前副车架	7			
		8）能规范验证下摆臂功能	7			
3	工具及设备的使用能力	1）能正确使用专用拆装工具	3			
		2）能正确使用举升机	2			
		3）能正确使用安全保护设备	4			
		4）能规范操作车辆上下电	4			
4	资料、信息查询能力	1）能正确使用维修手册查询资料	3			
		2）能正确记录所需维修信息	4			
5	数据判断和分析能力	1）能判断底盘悬架系统是否正常	1			
		2）能判断车辆是否存在异响	2			
		3）能判断下摆臂是否工作正常	1			
		4）能判断减振器是否正常	1			
6	表单填写报告的撰写能力	1）字迹清晰	1			
		2）语句通顺	1			
		3）无错别字	1			
		4）无涂改	1			
		5）无抄袭	1			

总分：

学习情境二

电控悬架的故障检修

近年来，在自主品牌实现高端化的过程中，一种此前主要应用于保时捷、奔驰、宝马、奥迪、沃尔沃等豪华汽车品牌的配置频频成为自主高端车型的宣传点，它就是空气悬架系统。空气悬架系统因可以显著提升车辆操控性和舒适性，多配置于豪华品牌的高端车型，也一度成为汽车高端豪华的标志之一。但是，豪华就意味着价值不菲。目前，中鼎股份、孔辉汽车、保隆科技3家企业已经实现了空气悬架相关产品的量产落地。其中，中鼎股份于2016年收购了国外空气悬架龙头企业AMK（空气悬架行业前三，与大陆和采埃孚子公司威伯科齐名），以此具备了较高的技术壁垒优势，成为国内主要的空气供给单元供应商。

空气悬架系统国产化替代的步伐有望加速。一旦实现国产化替代，空气悬架总体单车价值量将降至8500元，随着需求量的增加，到2030年该系统的单车价值量将进一步降至7500元。

传统的悬架系统一般具有固定的弹簧刚度和减振器阻尼，不能同时满足汽车行驶平顺性和操纵稳定性的要求。电控悬架系统可以根据汽车的行驶状况进行悬架系统的刚度和阻尼特性动态自适应调节，使悬架系统始终处于最佳减振状态。电控悬架系统根据有无动力源可分为半主动悬架和主动悬架两种。

任务一　电控悬架数据采集与分析

【学习目标】

知识目标：

1）了解电控悬架系统的结构组成。
2）掌握电控悬架各元件的结构组成。
3）掌握电控悬架系统的工作原理。

技能目标:

1) 具有正确操作电控悬架,调节电控悬架系统模式的能力。

2) 具有查阅电路图册,拆画电控悬架系统电路图的能力。

3) 具有依据维修手册对电控悬架系统进行数据分析的能力。

素养目标:

1) 在操作过程中树立高压安全意识。

2) 通过制订故障检修流程,具备分析问题和解决问题的能力。

3) 能在工作结束后按照 7S 管理规定整理、恢复作业场地,养成良好的工作习惯。

【任务描述】

一辆 2018 款奥迪 A8,行驶里程 35684km,近段时间发现汽车电控悬架系统车身高度控制不起作用。电控悬架系统的执行机构按照电子控制器的控制信号,准确地动作,及时地调节悬架的刚度和阻尼系数及车身高度,电控悬架故障将会对汽车行驶舒适性产生很大影响,请根据该故障现象采集汽车电控悬架系统相关数据信息,并进行分析。

【获取信息】

一、认识汽车电控悬架系统

奥迪 A8 轿车的自适应空气悬架系统(图 2-11)由空气供给总成、前桥空气悬架支柱、车身加速度传感器、自适应空气悬架控制单元、前部显示和操纵单元(MMI)、组合仪表、带有压力传感器的电磁阀体、后部加速度传感器、后桥空气悬架支柱、蓄压器和后桥车身水平传感器组成。

知识拓展:

汽车电控悬架是一种可调节式的车辆悬架。使用空气悬架很容易实现车身自水平调节,自水平调节机构一般集成在悬架系统中。它的优点在于:静态压缩量与载荷无关,总保持恒定,这样就可以大大减小车轮拱罩内为车轮自由转动而预留的空间,对总体的空间利用很有好处;车身可以支撑在较软的弹簧上,这就可以提高行车舒适性;不论载荷多大,均可以保证回弹和压缩的整个行程不变,均可以保证相应的离地间隙;加载时不需变动前束和外倾角;不会恶化 C_w 值(风阻系数)和损坏车辆外形;由于偏转角较小,所以球头连接的磨损也小;必要时载荷可以高一些。

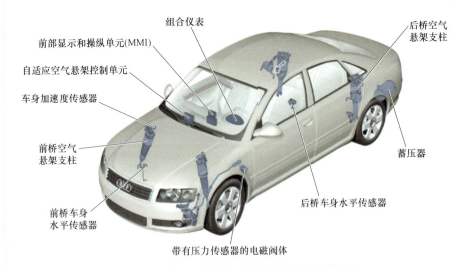

图 2-11 奥迪 A8 轿车自适应空气悬架系统的组成

(1)操纵单元 集成在 MMI 上,这就使操作过程简单易学,如图 2-12 所示。

图 2-12　操纵单元（集成在 MMI）

1）CAR 按键：在中控台 MMI 显示屏上直接调出自适应空气悬架系统菜单。

2）SETUP 按键：可进行系统状态信息的查询和特殊的设置。

3）指示灯：在使用标准底盘时显示极端低位的状态。

4）警告灯：水平高度极端高位（高于水平高度超过 50mm）将通过警告灯闪烁来显示。

（2）剩余压力保持阀　在每个空气悬架支柱上都有一个剩余压力保持阀，它直接安装在空气接口上，该阀用于保证空气悬架内总能保持有至少约 3.5bar（1bar=101kPa）的压力。这样就可以最大限度地避免在仓储和装配时发生损坏的可能性，如图 2-13 所示。

（3）减振器　采用的是双管式充气减振器，该减振器具有电气上连续可调功能（Continuous Damping Control）。内部的电磁线圈未通电时，减振阻尼力最大，在减振阻尼力最小时，电磁线圈要通上约 1800mA 的电流，在应急状态时电磁线圈是不通电的，这时减振阻尼力被设定在最大状态，以便保证动态行驶的稳定性，减振器如图 2-14 所示。

（4）空气供给总成　空气供给总成安装在发动机舱内左前部，这样就可以避免在乘员舱内产生噪声，而且还可以实现有效的冷却效果。可延长压缩机的接通时间，从而提高调节的质量，如图 2-15 所示。

图 2-13　剩余压力保持阀　　　图 2-14　减振器　　　图 2-15　空气供给总成

（5）电磁阀体　电磁阀体包含压力传感器以及用于控制空气弹簧和蓄压器的阀，如图 2-16 所示。

（6）封装式空气弹簧　可伸缩膜盒包在一个铝制的缸体内，这样可以改善相应特性。为防止在这个缸体和可伸缩膜盒之间出现脏物，使用一个涨圈封锁住活塞和缸体之间的区域，为了能以最佳的承载宽度来达到行李舱的最大容积，后桥的空气弹簧直径就被限制到最小的尺寸。为了满足舒适要求，空气的体积又不能太小，使用了一个与减振器连在一起的储气罐，用于额外供应空气，如图 2-17 所示。

（7）蓄压器　蓄压器是铝制的，容积为 5.8L，最大工作压力为 16bar；蓄压器和空气弹簧间必须存在至少 3bar 的压力差，如图 2-18 所示。

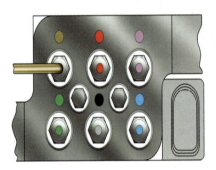 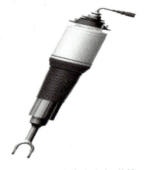 

图 2-16　电磁阀体　　　　　　图 2-17　封装式空气弹簧　　　　　　图 2-18　蓄压器

（8）传感器

1）压缩机温度传感器 G290。在一个小的玻璃体内有一个负温度系数电阻。G290 用于获知压缩机缸盖上的温度，该传感器的电阻随着温度升高而减小（称为 NTC 电阻，也就是负温度系数电阻），控制单元会分析这个电阻变化。压缩机最长运行时间就由当时的实际温度来确定，如图 2-19 所示。

2）压力传感器 G291。G291 浇注在电磁阀体内，无法更换。压力传感器测量前桥、后桥减振支柱和蓄压器内的压力，如图 2-20 所示。

 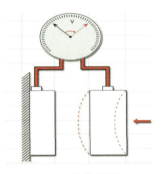

图 2-19　压缩机温度传感器 G290　　　　　　图 2-20　压力传感器 G291

G291 是按电容测量原理来工作的：将要测量的压力会引起陶瓷薄膜的偏转，这就会使装在薄膜上的电极与固定在传感器壳体上的电极之间的间距发生改变。这两个电极就构成一个电容器。

3）加速度传感器。为了能在任何行驶状态下都能调节到最佳减振状态，就需要了解车身运动（悬挂质量）和车桥部件（非悬挂质量）的时间变化曲线。通过 3 个传感器来测量车身的加速度，其中的两个传感器安装在前桥的减振支柱的穹顶内，第 3 个传感器安装在右后车轮罩内。车桥部件（非悬挂质量）的加速度通过分析车辆水平状况传感器的信号来确定，如图 2-21 所示。

4）车身水平（倾斜）传感器 G76、G77、G78、G289。功能：传感器的工作频率为 800Hz（全驱车为 200Hz）。这些传感器的外表与四轮驱动车上的传感器是相同的，但不可将四轮驱动版本的传感器安装到两驱车上,否则会导致系统故障,如图2-22所示。

图2-21 加速度传感器

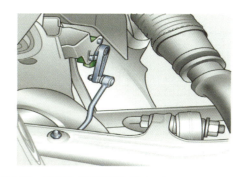

图2-22 车身水平传感器G76、G77、G78、G289

二、汽车电控悬架系统的工作原理

汽车电控悬架系统模式调整有车辆高度状态和减振调节两种。车辆高度状态由驾驶人意愿和车速来预先确定。减振调节由驾驶人意愿、路面特点、车速、载重和当前行驶状态来调节。

奥迪A8车有两种底盘,一种是标准底盘(图2-23),另一种是运动底盘(图2-24);标准底盘中可以手动或自动选择下列程序:"automatic"(自动)模式,基本高度底盘,在车速超过120km/h的30s后,底盘会下沉25mm(高速公路底盘下沉),底盘下沉可以改善空气动力学性能并降低燃油消耗;"comfort"(舒适)模式:底盘高度与"automatic"(自动)模式是一样的,但在车速低时减振要弱一些,因此与"automatic"(自动)模式相比,舒适性更好一些;"dynamic"(动态)模式:与"automatic"(自动)模式相比,底盘会下沉20mm,并且自动调整到运动模式的减振曲线,在车速超过120km/h的30s后,底盘会再下沉5mm;"lift"(提升)模式:与"automatic"(自动)模式相比,底盘提升了25mm,与"automatic"(自动)模式一样是以舒适为主的。

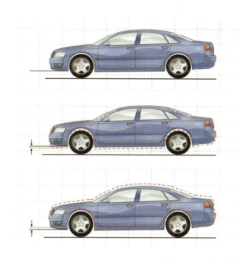

车辆水平高度位置:
标准底盘
· automatic(自动)模式:
基本高度(±0mm),高速公路高度(-25mm)
· comfort(舒适)模式:
基本高度(±0mm)
· dynamic(动态)模式:
低(-20mm),高速公路高度(-25mm)
· lift(提升)模式:
高(+25mm)

图2-23 标准底盘模式

(1)调节概述 车身水平高度的变化是以轴来进行的,调节的是车左侧、右侧之间的水平高度差(如单面加载引起的),当车速低于35km/h,优先使用蓄压器作为能源,但前提条件是：蓄压器和空气弹簧间至少存在 3bar 的压力差。车身水平高度的变化过程，提升：先是后桥升高，然后前桥再升高；下降：先是前桥下降，然后是后桥下降。这个动作顺序是为了保证：即使在前照灯照程调节功能失效时，也可避免在调节过程中给对面来车造成炫目。

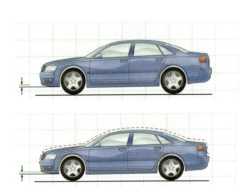

车辆水平高度位置：
运动底盘
·automatic(自动)模式：
运动底盘基本高度(比标准底盘基本高度低20mm)
·comfort(舒适)模式：
基本高度(±0mm)
·dynamic(动态)模式：
基本高度(±0mm)
·lift(提升)模式：
高(+25mm)

图 2-24　运动底盘模式

（2）特殊工况的调节　转弯时，悬架的调节过程就被终止，转弯结束后又接着进行调节。车辆是否在转弯可根据转向角传感器和横向加速度传感器的信号来判断，减振阻尼力与当时的行驶状况相适应。因此，可以有效地避免出现不必要的车身运动（如摇晃）；制动过程：减振阻尼调节过程主要在 ABS/ESP 制动过程中发挥作用，根据制动压力的大小来进行调节。这样可将汽车车头和车身的晃动减至最小，转弯时的悬架调节如图 2-25 所示。

图 2-25　转弯时的悬架调节

电控悬架数据采集与分析	学习任务单	班级：
		姓名：

1. 奥迪 A8 轿车电控悬架系统主要由＿＿＿＿＿、＿＿＿＿＿、＿＿＿＿＿、＿＿＿＿＿、＿＿＿＿＿、＿＿＿＿＿和后桥车身水平传感器组成。

2. 奥迪 A8 轿车有两种底盘：一种是＿＿＿＿＿；另一种是＿＿＿＿＿。

3. 汽车电控悬架系统模式调整有＿＿＿＿＿和＿＿＿＿＿两种。

4. 写出图中所指零件的含义。

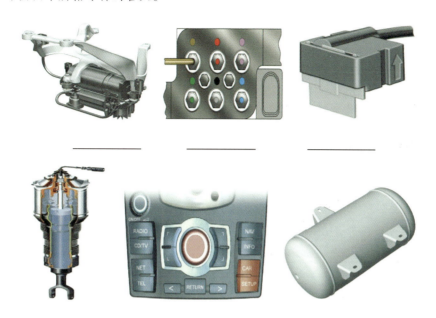

5. 请列举出奥迪 A8 轿车电控悬架系统所有的传感器。

【任务实施】 电控悬架数据采集与分析

实训器材：

奥迪 A8 轿车、故障诊断仪、常用工具和维修手册等。

作业准备：

检查举升机，车辆在工位停放周正，铺好车内和车外护套。

【操作步骤】

一、确认故障现象

起动车辆，操作奥迪 A8 轿车电控悬架系统模式进行调节，观察车辆是否可以有效实现底盘悬架系统调节，车辆仪表是否显示对应的图标。

二、连接故障诊断仪诊断故障

连接故障诊断仪，按下一键起动开关，打开故障诊断仪进入电控悬架模块，读取故障码和数据流。将故障码和数据流记录在任务工单中，车辆下电后，清除故障码；车辆再次上电后，使用故障诊断仪再次读取故障码和数据流，分析故障码的性质。

三、数据测量和波形检测

序号	操作示意图	操作方法	标准
1		使用万用表测量辅助蓄电池电压	
2		使用万用表电阻档测试J197控制单元插接器TA/4端子对地电压情况	11~14V
3		使用万用表电阻档测试J197控制单元插接器TA/5端子对地电压情况	
4		使用万用表电阻档测试J197控制单元插接器TA/1端对地电阻	<2Ω
5		使用万用表电阻档测试J197控制单元插接器TA/2端对地电阻	

（续）

序号	操作示意图	操作方法	标准
6		使用万用表测试V66水平高度调节系统压缩机电机供电电压	11~14V
7		使用万用表测试V66水平高度调节系统压缩机电机搭铁	<2Ω

四、竣工检验

1）按照相反顺序安装J197控制单元线束插接器。

2）起动车辆，验证悬架高度调节功能。

3）整理、恢复作业场地。

电控悬架数据采集与分析		工作任务单	班级：	
			姓名：	
1. 车辆信息记录					
品牌		整车型号		生产年月	
驱动电机型号		动力蓄电池电量		行驶里程	
车辆识别代号					
2. 作业场地准备					
检查设置隔离栏				□是 □否	
检查设置安全警示牌				□是 □否	
检查灭火器压力、有效期				□是 □否	
安装车辆挡块				□是 □否	
3. 记录故障现象					

（续）

4. 读取数据流

序号	数据项	数据值	含义	数据值（故障）	结果判断
1	电控悬架系统底盘模式				
2	车身水平（倾斜）传感器 G76				
3	车身水平（倾斜）传感器 G77				
4	车身水平（倾斜）传感器 G78				
5	车身水平（倾斜）传感器 G289				
6	压缩机温度传感器 G290				
7	压力传感器 G291				
8	偏离正常高度				
9	电磁阀切换状态				
10	车辆水平状况与基准位置的偏差				
11	减振阀电流				
12	车身加速度传感器信号				
13	来自水平传感器的减振器速度信号				

5. 数据测量

测试对象	测试条件	测试值	结果判断

6. 波形测量（记录测量的波形）

7. 故障确认

故障点	故障类型	维修措施

8. 竣工检验

车辆是否正常上电	□是 □否
车辆是否正常切换档位	□是 □否

9. 作业场地恢复

拆卸车内三件套	□是 □否
拆卸翼子板布	□是 □否
将高压警示牌等放至原位置	□是 □否
清洁、整理场地	□是 □否

68

【课证融通考评单】电控悬架数据采集与分析		实习日期：	
姓名：	班级：	学号：	教师签名：
自评：□熟练 □不熟练	互评：□熟练 □不熟练	师评：□合格 □不合格	
日期：	日期：	日期：	

电控悬架数据采集与分析【评分细则】

序号	评分项	得分条件	分值	自评	互评	师评
1	安全/7S/态度	1）能进行工位7S操作	3			
		2）能进行设备和工具安全检查	3			
		3）能进行车辆安全防护操作	3			
		4）能进行工具清洁、校准和存放操作	3			
		5）能进行三不落地操作	3			
2	专业技能能力	1）能正确确认故障现象	6			
		2）能正确测量辅助蓄电池电压	7			
		3）能规范拆卸电控悬架系统电路和元器件	7			
		4）能正确读取电控悬架系统数据流	7			
		5）能正确测量电控悬架系统电路电压和电阻	7			
		6）能正确测量电控悬架系统压缩机电路数据	7			
		7）能规范安装电控悬架系统电路和元器件	7			
		8）能规范验证电控悬架系统的功能	7			
3	工具及设备的使用能力	1）能正确使用故障诊断仪	2			
		2）能正确使用万用表	3			
		3）能正确使用内饰拆卸板	4			
		4）能规范操作车辆上下电	4			
4	资料、信息查询能力	1）能正确使用维修手册查询资料	3			
		2）能正确记录所需维修信息	4			
5	数据判断和分析能力	1）能判断辅助蓄电池电压是否正常	1			
		2）能判断直流母线电压是否符合断电	2			
		3）能判断电控悬架系统数据是否正常	2			
6	表单填写报告的撰写能力	1）字迹清晰	1			
		2）语句通顺	1			
		3）无错别字	1			
		4）无涂改	1			
		5）无抄袭	1			

总分：

任务二　电控悬架故障诊断与排除

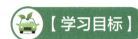

【学习目标】

知识目标：
1）了解电控悬架系统的电路特点。
2）熟悉电控悬架系统电路插接器各端子含义。
3）掌握电控悬架系统常见故障诊断流程。

技能目标：
1）具有正确使用诊断设备的能力。
2）具有规范拆卸电控悬架系统部件的能力。
3）具有依据维修手册对电控悬架系统进行故障诊断与排除的能力。

素养目标：
1）在操作过程中树立高压安全意识。
2）通过制订故障检修流程，具备分析问题和解决问题的能力。
3）能在工作结束后按照 7S 管理规定整理、恢复作业场地，养成良好的工作习惯。

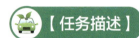

【任务描述】

一辆 2009 款奥迪 A8，综合顾客描述，这款 A8 6.0 轿车出现的状况为：回到车库中关闭起动开关，空气泵仍在不停工作，闻到有烧焦味，较长时间后，空气泵不工作，底盘高度为最低状态，之后起动发动机，空气泵不工作，底盘仍旧为最低状态。请根据该故障现象制订一份电控悬架不能调节底盘高度的故障检修方案，完成故障诊断与排除。

【获取信息】

一、电控悬架系统的电路图

当驾驶人通过操作前部显示和操纵单元 CAR 和 SETUP 按键调节悬架模式时，自适应悬架控制单元将会采集到如下信号：G341、G342、G343 车身加速度传感器，G76、G77、G78 和 G289 车身水平传感器，G291 自适性空气悬架压力传感器（集成在电磁阀体中），G290 压缩机温度传感器；附加信号：车门／发动机舱盖／行李舱盖接触信号；其他：J527 转向柱电气控制单元、G200 横向加速度传感器、G85 转向角传感器、J104 ESP 控制单元信息。J197 自适性空气悬架控制单元通过对以上所有悬架输入信号控制 N111 自适性空气悬架排气阀（集成在空气总成内），N148、N149、N150 和 N151 减振支柱阀，N311 蓄能器阀，N336、N337、N338 和 N339 减振器调节阀，J403 自适应空气悬架压缩机继电器等执行元件调整底盘模式，电控悬架系统元件的组成如图2-26所示。

奥迪A8车型电控悬架系统的电路图如图2-27所示。

二、电控悬架系统故障产生的可能原因分析

根据奥迪A8 6.0自适性空气悬架电路图，产生的故障症状和解码器读取的故障信息，综合分析具体故障部位（可能的故障原因）如下：

J197水平高度调节系统控制器故障；J403水平高度调节系统压缩机继电器故障；水平高度调节系统空气供给总成故障；减振支柱阀故障；相关电器电路故障；相关空气管道故障。

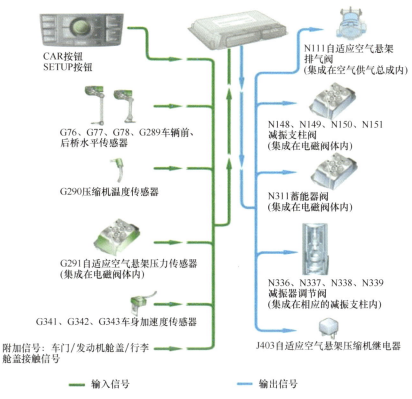

图2-26　电控悬架系统元件的组成

电控悬架故障诊断与排除	学习任务单	班级：
		姓名：

1. 结合电控悬架系统电路图，请画出电控悬架压缩机工作电路回路。

2. 悬架高度不能调节，可能的故障部位有哪些？

3. 请说明电控悬架高度调节的工作原理。

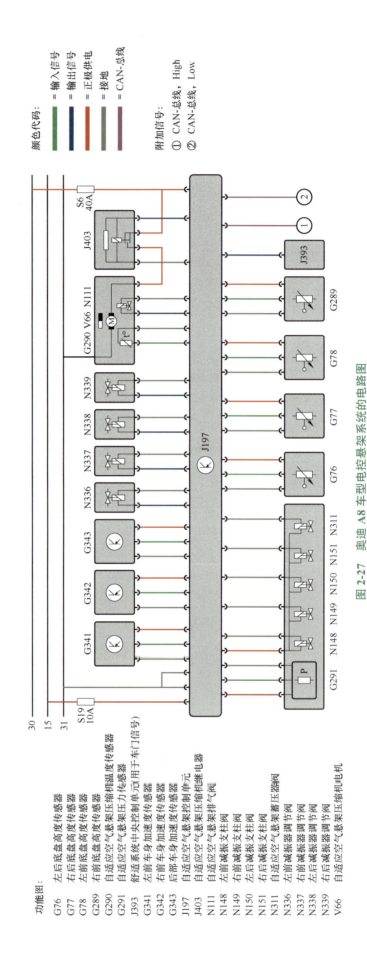

图 2-27 奥迪 A8 车型电控悬架系统的电路图

项目二 行驶系统的故障检修

【任务实施】 电控悬架故障诊断与排除

实训器材：

奥迪 A8 轿车、故障诊断仪、常用工具和维修手册等。

作业准备：

检查举升机，车辆在工位停放周正，铺好车内和车外护套。

【操作步骤】

扫一扫

电控悬架
故障诊断
与排除

一、确认故障现象

起动车辆，操作前部显示和 MMI 的 CAR 按钮和 SETUP 按钮，观察车辆悬架是否能够调校。

二、利用故障诊断仪诊断故障

连接故障诊断仪，按下一键起动开关，打开故障诊断仪进入底盘电控悬架模块 J197，读取故障码和数据流。清除故障码；再次操作后，使用故障诊断仪再次读取故障码并和之前的故障码进行对比，分析故障码的性质。

三、故障检测

序号	操作示意图	操作方法	标准
1		使用万用表测量辅助蓄电池电压	11~14V
2		用数字式万用表检查电控悬架压缩机供电熔丝 S110 两端电压	

（续）

序号	操作示意图	操作方法	标准
3		取下 S110 熔丝，检查 S110 导通电阻	<2Ω
4		置于 OFF 位，检查 S110 2 号座孔对地电阻情况	无穷大
5		置于 ON 位，检查 J403 继电器 2 号管脚电压	11~14V
6		置于 ON 位，检查 J403 继电器 3 号管脚对地电压	11~14V
7		置于 ON 位，检查 J403 继电器 5 号管脚对地电压	拔下继电器，电压为 0V 左右
8		置于 OFF 位，检查 J403 继电器座脚 1 号管脚对地电压	11~14V

（续）

序号	操作示意图	操作方法	标准
9		检查继电器 J403 的 4/85-6/86 导通电阻	50~120Ω
10		在继电器线圈通电情况下，检查继电器 J403 的 2/30-8/87 的电阻	<2Ω

经测量，S110 因对地短路损坏，J403（30-87）触点烧蚀断路导致继电器损坏，更换 S110 和 J403 继电器装复后再次操作，起动发动机后，空气供给总成正常工作，悬架高度达到目标值，长时间试车后，汽车保持正常状态，确认故障已排除。

四、竣工检验

1）按照相反顺序安装 J403 继电器。
2）起动车辆，验证空气悬架高度调节功能。
3）整理、恢复作业场地。

电控悬架故障诊断与排除		工作任务单	班级：	
			姓名：	
1. 车辆信息记录				
品牌		整车型号		生产年月
驱动电机型号		动力蓄电池电量		行驶里程
车辆识别代号				
2. 作业场地准备				
检查设置隔离栏				□是 □否
检查设置安全警示牌				□是 □否
检查灭火器压力、有效期				□是 □否
安装车辆挡块				□是 □否

（续）

3. 记录故障现象	

4. 使用故障诊断仪读取故障码、数据流	
故障码	
数据流	

5. 拆画电控悬架系统电路简图	

6. 故障检测

检测对象	检测条件	检测值	标准值	结果判断

7. 故障确认

故障点	故障类型	维修措施

（续）

(续)

8. 竣工检验	
车辆悬架系统是否正常工作	□是 □否
车辆悬架系统压缩机是否正常工作	□是 □否
9. 作业场地恢复	
拆卸车内三件套	□是 □否
拆卸翼子板布	□是 □否
将高压警示牌等放至原位置	□是 □否
清洁、整理场地	□是 □否

【课证融通考评单】 电控悬架故障诊断与排除				实习日期:	
姓名:		班级:		学号:	教师签名:
自评:□熟练 □不熟练		互评:□熟练 □不熟练		师评:□合格 □不合格	
日期:		日期:		日期:	

电控悬架故障诊断与排除【评分细则】

序号	评分项	得分条件	分值	自评	互评	师评
1	安全/7S/态度	1)能进行工位 7S 操作	3			
		2)能进行设备和工具安全检查	3			
		3)能进行车辆安全防护操作	3			
		4)能进行工具清洁、校准和存放操作	3			
		5)能进行三不落地操作	3			
2	专业技能能力	1)能正确确认故障现象	6			
		2)能正确测量辅助蓄电池电压	7			
		3)能正确测量电控悬架系统压缩机供电电压	7			
		4)能规范拆卸电控悬架系统电路和元器件	7			
		5)能正确测量电控悬架系统压缩机继电器电路电压、电阻	7			
		6)能规范安装电控悬架电路和元器件	7			
		7)能规范测量继电器	7			
		8)能正确验证电控悬架系统的功能	7			
3	工具及设备的使用能力	1)能正确使用故障诊断仪	2			
		2)能正确使用万用表	3			
		3)能正确使用内饰拆卸板	4			
		4)能规范验证电控悬架系统的功能	4			
4	资料、信息查询能力	1)能正确使用维修手册查询资料	3			
		2)能正确记录所需维修信息	4			

（续）

序号	评分项	得分条件	分值	自评	互评	师评
5	数据判断和分析能力	1）能判断辅助蓄电池电压是否正常	1			
		2）能判断电控悬架电路元器件是否正常	2			
		3）能判断电控悬架系统故障范围	1			
		4）能判断电控悬架系统是否正常	1			
6	表单填写报告的撰写能力	1）字迹清晰	1			
		2）语句通顺	1			
		3）无错别字	1			
		4）无涂改	1			
		5）无抄袭	1			
总分：						

学习情境三
轮胎气压监测系统的故障检修

2016年9月，中华人民共和国工业和信息化部颁布《乘用车轮胎气压监测系统的性能要求和试验方法》，鉴于爆胎的严重危害性较大，要求我国境内销售的汽车必须搭载轮胎气压监测系统。

国家公安部数据显示，国内高速公路70%的交通事故是由爆胎引起的。时速120km行驶，从爆胎到失控，驾驶人的反应控制时间只有3s左右，而时速160km以上的爆胎，死亡率是100%。这都是血的教训，车辆装备轮胎气压监测系统可以实时监控胎压甚至胎温的变化，尽量避免爆胎事故的发生。

轮胎气压监测系统（Tire Pressure Monitoring System，TPMS）是提高汽车安全性和舒适性方面的一项新技术。胎压异常是指轮胎气压不足和胎压过高，会引起轮胎局部磨损、操控性和舒适性降低、油耗增加等问题，易导致"爆胎"的发生。胎压不足时，轮胎侧壁容易弯曲折断而发生爆裂。胎压过高，会使轮胎的缺陷处在高速行驶过程中发生爆裂。

任务一　TPMS 数据采集与分析

【学习目标】

知识目标：

1）了解 TPMS 的组成。

2）掌握 TPMS 的工作原理。

技能目标：

1）具有正确操作纯电动多功能转向盘，确认 TPMS 仪表显示状况的能力。

2）具有拆画 TPMS 电路图的能力。

3）具有依据维修手册，对 TPMS 进行故障分析的能力。

素养目标：

1）在操作过程中树立高压安全意识。

2）通过制订故障检修流程，具备分析问题和解决问题的能力。

3）能在工作结束后按照 7S 管理规定整理、恢复作业场地，养成良好的工作习惯。

4）以轮胎压力报警案例引导学生讨论，培养学生道路安全意识。

【任务描述】

一辆 2018 款吉利 EV450，驾驶人发现仪表盘上轮胎气压报警指示灯闪烁，经维修技师初步诊断，确定某一车轮轮胎气压过低。请根据该故障现象制订一份 TPMS 故障的检修方案，完成故障的诊断与排除。

【获取信息】

一、TPMS 的作用和分类

1. TPMS 的作用

TPMS 可以随时监测汽车在行驶过程中胎压的变化情况和车速变化，能自动地向驾驶人发出轮胎压力过高或过低的警告信号。

2. TPMS 的分类

目前，TPMS 主要有两种，分别是直接式 TPMS 和间接式 TPMS。

（1）**直接式（Pressure-Sensor Based，PSB）TPMS** 吉利 EV450 直接式 TPMS 由轮胎电子（WE）和接收器（RX）单元、组合仪表、信息娱乐系统中的功能选择开关组成。

TPMS 部件功能包括胎压信息监测、轮胎换位或更换 TPMS 传感器后自动学习与定位、通过 CAN 接口发送显示数据与报警信息给仪表。

（2）**间接式（Wheel-Speed Based，WSB）TPMS** 通过汽车 ABS（防抱死制动系统）的轮速传感器信号来比较各个车轮之间的转速差别，以达到监测胎压的目的。

扫一扫

TPMS（胎压监测系统）

小知识：

该类型系统的主要缺点如下：

1）不能显示出各轮胎的瞬时气压值。

2）同一车轴或者同一侧车轮或者所有轮胎气压同时下降时不能报警。

3）不能同时兼顾车速、检测精度等因素。

二、直接式 TPMS 的工作原理和工作状态

（1）**直接式 TPMS 的工作原理** 直接式 TPMS 是利用安装在轮胎里的压力传感器来直接测量轮胎的胎压，利用无线发射器将压力信息从轮胎内部发送到中央接收器模块的系统，然后再对各轮气压数据进行显示。当胎压太低或漏气时，系统会自动报警。

每一个汽车轮胎都装配着一个连接在轮胎气门嘴上的 WE 传感器。WE 传感器是一个以蓄电池作为电源的单元，会定期地测量轮胎压力、温度和加速度信息。压力、温度和加速度信息会被 WE 传感器内的 ECU 转化成数字形式。加速度信息被用来判断汽车处于静

止状态还是运动状态。WE 传感器装备的 RF（射频）发送电路用于周期性地发送轮胎内的信息。WE 传感器中还装配有低频（LF）接收电路。低频接收电路使 WE 传感器能够被诊断并通过外部触发的低频电磁场进入不同的模式。

TPMS 接收器单元（RX）集成在 BCM 中。当汽车点火电路接通时，TPMS 接收器的 MCU 和 RF 接收电路启动。接收器单元持续不断地监控附近 WE 传感器单元发送的无线信号。TPMS 接收器单元能够记忆装载于特定汽车的 WE 传感器的 ID 码。当 TPMS 接收器单元接收到一个信息时，它会检查在信息中包含的 ID 码是否与存储的 ID 码相符。如果相符，TPMS 接收器单元会将信息输入 TPMS 报警算法中。这一算法会评估每一个轮胎的压力和温度随时间的变化，并在出现有潜在危险的轮胎欠压情况时做出决定，持续地通过 TREAD 警告灯警示驾驶人。除了处理 WE 单元发出的信息，TPMS 接收器还可以对自身电路和工作状态进行自检。如果检测出严重的故障，TPMS 接收器将持续地点亮 TPMS 警告灯，以给汽车驾驶人警示。

TPMS 通过安装在轮胎内的 TPMS 传感器实时监控轮胎气压和温度等参数，TPMS 传感器与 TPMS 接收器单元之间通过无线射频通信。当轮胎发生高压、低压、高温等异常状态时，TPMS 接收器单元发送报警信号给仪表进行报警提醒，使驾驶人可以及时有效地处理异常状况，降低危险发生的概率。

目前常用的直接式 TPMS 又分为主动式（Active）和被动式（Passive）两种。

（2）直接式 TPMS 的工作状态

1）复位状态。当初始加电或电压低于复位门限时，TPMS 控制单元会处于非操作服务状态，处于复位状态。一旦电压达到可接受值时，TPMS 控制单元将会从复位状态中释放出来，模块会进入正常状态。

2）初始化状态（系统自检）。当起动开关电源模式置于 ON 位时，在初始化状态，系统将对 I/O 端口、寄存器、内部变量、数据存储地址等进行初始设置。

3）起动状态。当处于起动状态，TPMS 支持系统正常运行：接收 WE 传感器的射频数据帧，当处在起动状态，TPMS 控制单元要不断地接收和处理 TPMS 传感器产生的射频数据帧；验证收到的 WE 传感器数据帧，当收到一个 WE 传感器发出的射频数据帧，TPMS 控制单元会首先验证接收到消息的合法性。传感器发出的信息会通过预警算法进行处理；处理收到的每个有效的 TPMS 传感器的消息一旦监测到一个轮胎气压过低，会点亮胎压警告灯（TREAD）；持续监测 K 总线请求，TPMS 控制单元必须在 K 总线使用之前进入激活状态；车辆运动状态（轮速传感器）需要一个速度信号来监测是否有一个没装传感器的轮胎或备胎在车上使用。

4）诊断状态。当连接故障诊断仪并通过 K 总线通信时，TPMS 控制单元进入诊断模式。

5）睡眠状态。系统进入睡眠模式后会进入低功耗状态。当进入睡眠模式后，无须接收和处理传感器消息，或者诊断命令，直到监测到起动状态为开时，系统退出睡眠模式。

（3）直接式 TPMS 唤醒和休眠条件

1）唤醒条件。当起动开关输入信号从状态关（OFF）变为状态开（ON）时，TPMS

控制单元退出休眠状态。

2）休眠条件。当 TPMS 接收机检测到点火信息输入是状态关（OFF）和没有待接收的 RF 信息，也没有 LFI 未完成的控制传输时，TPMS 接收机将会进入休眠状态。

（4）吉利 EV450 TPMS 的工作原理　吉利 EV450 TPMS 电气原理示意图如图 2-28 所示。

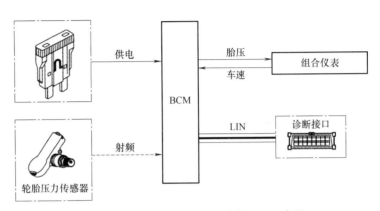

图 2-28　吉利 EV450 TPMS 电气原理示意图

轮胎压力传感器将轮胎的实时压力信息（绝对压力测量）发送给轮胎压力监控控制单元，用以评估压力的情况。温度信号用于补偿因温度改变而引起的压力变化，同时还用于自诊断。

当温度高于某一限定值时，传感器就停止发送无线电信号（详见"温度切断"）。压力传感器、温度传感器及测量/控制电子装置都集成在一个智能型传感器上。温度补偿由轮胎压力监控控制单元来进行，测出的轮胎压力以 20℃时的值为标准值。

轮胎压力传感器的发射天线发送下述信息：专用识别码（ID-Code），实时轮胎压力（绝对压力），实时轮胎空气温度，集成电池的状态以及为保证数据的安全传递所需的状态、同步和控制方面的信息，以上所列的信息都包含在一段 12 位长的数据电报内。数据传递是调频式的，传递时间约为 10ms。每个轮胎压力传感器都有一个专用的识别码（ID-Code），用于"轮胎识别"，为了避免接收到错误信息，当轮胎压力传感器接收到的温度达到 120℃时，它就不再发送无线电信号（数据电报）了。就在发射电子装置马上切断轮胎压力传感器前，轮胎压力控制单元得到了"温度切断"信息，于是"故障内容"就被记录在故障存储器内。当温度低于某一值时，轮胎压力传感器又能恢复无线电通信。

轮胎压力传感器的供电：测量、控制及发射电子装置是通过集成的锂电池供电的。为了使轮胎压力传感器的使用寿命尽可能长，其控制电子装置有专用的"能源管理"功能。

TPMS 数据采集与分析	学习任务单	班级：
		姓名：

1. TPMS 主要有两种，分别是_____、_____。

2. 直接式 TPMS 由_____、_____、_____组成。

3. 写出图中数字所指模块的名称。

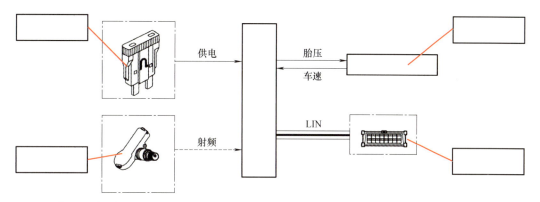

4. 简述间接式 TPMS 的缺点。

_____
_____
_____

5. 简述 TPMS 的优点。

 **TPMS 数据采集与分析**

实训器材：
吉利 EV450、故障诊断仪、常用工具和维修手册等。

作业准备：
检查举升机，车辆在工位停放周正，铺好车内和车外护套。

【操作步骤】

一、确认故障现象

起动车辆，观察车辆仪表胎压指示灯是否显示正确范围的胎压。

二、利用故障诊断仪诊断故障

连接故障诊断仪，按下一键起动开关，打开故障诊断仪进入 BCM（中央集控器）模块，读取故障码和数据流。车辆下电后，清除故障码；车辆再次上电后，使用故障诊断仪再次读取故障码，并和之前的故障码进行对比，分析故障码的性质。

扫一扫

TPMS 数据采集

三、数据测量和波形检测

序号	操作示意图	操作方法	标准
1		使用万用表测量辅助蓄电池电压	11~14V
2		断开辅助蓄电池负极	对负极接线柱做好绝缘防护
3		断开 BCM 插接器 IP20a 和仪表插接器 IP01	断开插接器应先解锁插接器锁扣
4		检查 BCM 线束插接器 IP20a 端子 41 与组合仪表线束插接器 IP01 端子 31 之间的电阻	<1Ω

（续）

序号	操作示意图	操作方法	标准
5		检查 BCM 线束插接器 IP20a 端子 42 与组合仪表线束插接器 IP01 端子 30 之间的电阻	<1Ω
6		测量 BCM 线束插接器 IP20a 端子 41 与接地之间的电阻	10kΩ 或更高
7		测量仪表线束插接器 IP20a 端子 42 与接地之间的电阻	
8		检查 IP01/31 对地电压情况	2.5~2.8V
9		检查 IP01/30 对地电压情况	2.1~2.4V

四、竣工检验

1）按照相反顺序安装 BCM 和组合仪表线束插接器。

2）起动车辆，验证 TPMS 功能。

3）整理、恢复作业场地。

TPMS 数据采集与分析		工作任务单	班级：	
			姓名：	

1. 车辆信息记录					
品牌		整车型号		生产年月	
驱动电机型号		动力蓄电池电量		行驶里程	
车辆识别代号					
2. 作业场地准备					
检查设置隔离栏					□是 □否
检查设置安全警示牌					□是 □否
检查灭火器压力、有效期					□是 □否
安装车辆挡块					□是 □否
3. 记录故障现象					

4. 读取数据流					
序号	数据项	数据值	含义	数据值（故障）	结果判断
1	TPMS 状态				
2	BCM 的总线状态				
3	传感器 1 左前				
4	传感器 2 右前				
5	传感器 3 左后				
6	传感器 4 右后				
5. 数据测量					
测试对象	测试条件		测试值		结果判断
BCM 的 CAN-H 通断					
BCM 的 CAN-L 通断					

（续）

6. 波形测量（记录测量的波形）

7. 故障确认

故障点	故障类型	维修措施

8. 竣工检验

车辆胎压指示灯是否正常	□是　□否
车辆是否正常监测胎压	□是　□否

9. 作业场地恢复

拆卸车内三件套	□是　□否
拆卸翼子板布	□是　□否
将高压警示牌等放至原位置	□是　□否
清洁、整理场地	□是　□否

【课证融通考评单】TPMS数据采集与分析			实习日期：	
姓名：	班级：	学号：		教师签名：
自评：□熟练　□不熟练	互评：□熟练　□不熟练	师评：□合格　□不合格		
日期：	日期：	日期：		

TPMS数据采集与分析【评分细则】

序号	评分项	得分条件	分值	自评	互评	师评
1	安全/7S/态度	1）能进行工位7S操作	3			
		2）能进行设备和工具安全检查	3			
		3）能进行车辆安全防护操作	3			
		4）能进行工具清洁、校准和存放操作	3			
		5）能进行三不落地操作	3			
2	专业技能能力	1）能正确确认故障现象	6			
		2）能正确测量辅助蓄电池电压	7			
		3）能正确测量TPMS电压技术状况	7			
		4）能规范断开BCM和仪表之间连接线束	7			
		5）能正确测量BCM和仪表连接线束电阻	7			
		6）能规范安装BCM和仪表之间线束	7			
		7）能正确读取TPMS数据流技术状况	7			
		8）能规范验证TPMS功能	7			

(续)

序号	评分项	得分条件	分值	自评	互评	师评
3	工具及设备的使用能力	1）能正确使用故障诊断仪	2			
		2）能正确使用万用表	3			
		3）能正确使用内饰拆卸板	4			
		4）能规范操作车辆上下电	4			
4	资料信息查询能力	1）能正确使用维修手册查询资料	3			
		2）能正确记录所需维修信息	4			
5	数据判断和分析能力	1）能判断辅助蓄电池电压是否正常	1			
		2）能判断 TPMS 的 CAN 总线是否正常	2			
		3）能判断 TPMS 指示灯是否正常	1			
		4）能判断 TPMS 工作是否正常	1			
6	表单填写报告的撰写能力	1）字迹清晰	1			
		2）语句通顺	1			
		3）无错别字	1			
		4）无涂改	1			
		5）无抄袭	1			

总分：

任务二　TPMS 故障诊断与排除

【学习目标】

知识目标：

1）了解 TPMS 电路特点。

2）熟悉 TPMS 电路插接器各端子的含义。

3）掌握 TPMS 常见故障诊断流程。

技能目标：

1）具有正确使用诊断设备的能力。

2）具有规范拆卸轮胎压力传感器和信号接收器系统部件的能力。

3）具有依据维修手册，对 TMPS 进行故障诊断与排除的能力。

素养目标：

1）在操作过程中树立高压安全意识。

2）通过制订故障检修流程，具备分析问题和解决问题的能力。

3）能在工作结束后按照 7S 管理规定整理、恢复作业场地，养成良好的工作习惯。

4）在教学过程中树立安全操作、规范操作意识。

【任务描述】

一辆 2018 款吉利 EV450，驾驶人发现仪表盘上轮胎压力报警指示灯不亮，经维修技师初步诊断，确定 BCM 与仪表之间 CAN 总线故障。请根据该故障现象制订一份 TPMS 故障检修方案，完成故障诊断与排除。

【获取信息】

一、TPMS 电路图

吉利 EV450 车型 TPMS 电路图如图 2-29 所示，当起动开关电源模式置于 ON 位时，在初始化状态，系统将对 I/O 端口、寄存器、内部变量、数据存储地址等进行初始设置。BCM 内部的 TPMS 控制单元要不断地接收和处理 TPMS 传感器产生的射频数据帧。当收到一个 WE 传感器发出的射频数据帧时，TPMS 控制单元会首先验证接收到消息的合法性。传感器发出的信息会通过预警算法进行处理。一旦监测到 1 个轮胎气压过低，BCM 通过 CAN 总线将胎压信息传递给组合仪表控制单元，点亮胎压警告灯（TREAD）。

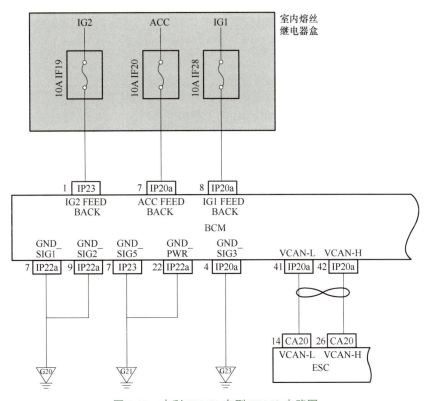

图 2-29 吉利 EV450 车型 TPMS 电路图

二、TPMS 各插接器端子的位置及含义

1. BCM 线束插接器 IP20a 端子的位置及含义

BCM 线束插接器 IP20a 端子的位置如图 2-30 所示，重要端子定义见表 2-1。

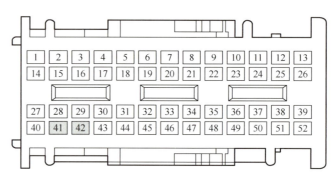

图 2-30　BCM 线束插接器 IP20a 端子的位置

表 2-1　BCM 线束插接器 IP20a 端子的定义

端子号	端子定义	线色
8	KL15 I Relay FB	BL/W
41	VCAN-L（主节点）	BL/W
42	VCAN-H（主节点）	GR

2. 组合仪表线束插接器 IP01 端子的位置及含义

组合仪表线束插接器 IP01 端子的位置如图 2-31 所示，组合仪表线束插接器端子的定义见表 2-2。

图 2-31　组合仪表线束插接器 IP01 端子的位置

表 2-2　组合仪表线束插接器 IP01 端子的定义

端子号	端子定义	线色
16	仪表地	—
30	VCAN-H（主节点）	GR
31	VCAN-L（主节点）	BL/W
32	12V 常电	Y/W

三、TPMS 的故障检修

TPMS 常见的故障诊断代码有 C160416——左前轮胎压力传感器电源电压低，C160929——右前轮胎压力传感器故障，C160E8F——左后轮胎压力传感器丢失，C161321——右

后轮胎压力低，C161622——左前轮胎压力高，C161D27——右后轮胎压力快速漏气，C161F04——轮胎压力系统故障，C161452——轮胎压力传感器未匹配/匹配失败。

TPMS 故障诊断流程见表 2-3。

表 2-3 TPMS 故障诊断流程

诊断步骤名称	诊断方法
1. 用故障诊断仪访问 TPMS（BCM）	检查是否输出 DTC 诊断思路：是，根据输出的 DTC 维修电路；否，转至步骤 2
2. 检查辅助蓄电池	1）测量蓄电池电压。电压标准值：11~14V 2）确认电压是否符合标准值 诊断思路：否，蓄电池充电或检查充电系统；是，转至步骤 3
3. 检查 TPMS（BCM）熔丝 IF19、IF20 和 IF28	检查熔丝 IF19、IF20 和 IF28 是否熔断 诊断思路：否，转至步骤 5；是，转至步骤 4
4. 检修熔丝 IF19、IF20 和 IF28 电路	1）检查熔丝 IF19、IF20 和 IF28 电路是否有短路故障 2）进行电路修理，确认没有电路短路的现象 3）更换额定电流的熔丝 熔丝的额定值为 IF19 10A、IF20 10A、IF28 10A 4）确认 TPMS（BCM）是否正常工作 诊断思路：否，转至步骤 5；是，系统正常
5. 检查 TPMS（BCM）线束插接器（端子电压）	1）将起动开关置于 OFF 状态 2）断开 TPMS（BCM）线束插接器 IP20a 和 IP23 3）将起动开关置于 ON 状态 4）测量 TPMS（BCM）线束插接器 IP20a 端子 7、8 对车身接地的电压 电压标准值应为 11~14 V 5）测量 TPMS（BCM）线束插接器 IP23 端子 1 对车身接地的电压 电压标准值应为 11~14 V 6）确认电压是否符合标准值 诊断思路：否，修理或更换线束；是，转至步骤 6
6. 检查 TPMS（BCM）线束插接器（接地端子导通性）	1）将起动开关置于 OFF 状态 2）测量 TPMS（BCM）线束插接器 IP22a 端子 7、9、22 与车身接地之间的电阻值 电阻标准值应小于 1Ω 3）测量 TPMS（BCM）线束插接器 IP20a 端子 4 与车身接地之间的电阻值 电阻标准值应小于 1Ω 4）确认电阻是否符合标准值 诊断思路：否，修理或更换线束；是，转至步骤 7
7. 更换 TPMS（BCM）	1）断开辅助蓄电池负极电缆 2）更换 TPMS（BCM） 3）确认修理完成
8. 系统正常	—

TPMS 故障诊断与排除	学习任务单	班级：
		姓名：

1. 结合 TPMS 电路图，请绘制 TPMS 工作回路。

2. 胎压指示灯一直不亮，可能的故障部位有哪些？

3. 胎压指示灯一直亮的原因可能有哪些？

【任务实施】 TPMS 故障诊断与排除

实训器材：

吉利 EV450、故障诊断仪、常用工具和维修手册等。

作业准备：

检查举升机，车辆在工位停放周正，铺好车内和车外护套。

【操作步骤】

一、确认故障现象

起动车辆，观察车辆仪表胎压指示灯是否显示正确范围的胎压。

二、利用故障诊断仪诊断故障

连接故障诊断仪，按下一键起动开关，打开故障诊断仪进入 BCM 模块，读取故障码和数据流。车辆下电后，清除故障码；车辆再次上电后，使用故障诊断仪再次读取故障码，并和之前的故障码进行对比，分析故障码的性质。

三、故障检测

序号	操作示意图	操作方法	标准
1		使用万用表测量辅助蓄电池电压	11~14V

（续）

序号	操作示意图	操作方法	标准
2		检查 TPMS（BCM）熔丝 IF19 供电情况	11~14V
3		检查 TPMS（BCM）熔丝 IF20 供电情况	
4		检查 TPMS（BCM）熔丝 IF28 供电情况	
5		使用万用表电压档测量 TPMS（BCM）线束插接器 IP20a 端子 7、8 对车身接地的电压	
6		测量 TPMS（BCM）线束插接器 IP22a 端子 7、9、22 与车身接地之间的电阻值	<2Ω

（续）

序号	操作示意图	操作方法	标准
7	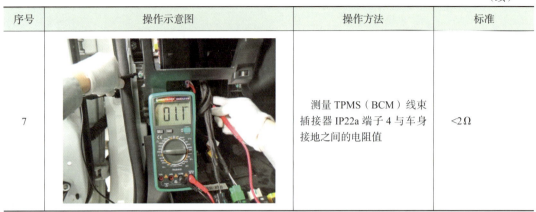	测量 TPMS（BCM）线束插接器 IP22a 端子 4 与车身接地之间的电阻值	<2Ω

经测量，所有 TPMS 相关电路均正常，车轮胎压正常，但胎压显示异常，更换新的轮胎压力传感器后再次读取胎压情况，故障排除。

四、竣工检验

1）按照相反顺序安装 TPMS。
2）起动车辆，验证换档功能。
3）整理、恢复作业场地。

TPMS 故障诊断与排除		工作任务单	班级：	
			姓名：	
1. 车辆信息记录				
品牌		整车型号		生产年月
驱动电机型号		动力蓄电池电量		行驶里程
车辆识别代号				
2. 作业场地准备				
检查设置隔离栏				□是 □否
检查设置安全警示牌				□是 □否
检查灭火器压力、有效期				□是 □否
安装车辆挡块				□是 □否
3. 记录故障现象				
4. 使用故障诊断仪读取故障码、数据流				
故障码				
数据流				

（续）

5. 拆画 TPMS 电路简图

6. 故障检测

检测对象	检测条件	检测值	标准值	结果判断

7. 故障确认

故障点	故障类型	维修措施

8. 竣工检验

车辆是否正监测胎压	□是 □否
车辆胎压监测指示灯是否正常	□是 □否

9. 作业场地恢复

拆卸车内三件套	□是 □否
拆卸翼子板布	□是 □否
将高压警示牌等放至原位置	□是 □否
清洁、整理场地	□是 □否

【课证融通考评单】	TPMS 故障诊断与排除	实习日期：	
姓名：	班级：	学号：	教师签名：
自评：□熟练 □不熟练	互评：□熟练 □不熟练	师评：□合格 □不合格	
日期：	日期：	日期：	

TPMS 故障诊断与排除【评分细则】

序号	评分项	得分条件	分值	自评	互评	师评
1	安全 /7S/ 态度	1）能进行工位 7S 操作	3			
		2）能进行设备和工具安全检查	3			
		3）能进行车辆安全防护操作	3			
		4）能进行工具清洁、校准和存放操作	3			
		5）能进行三不落地操作	3			
2	专业技能能力	1）能正确确认故障现象	6			
		2）能正确测量辅助蓄电池电压	7			
		3）能正确测量 TPMS（BCM）供电熔丝	7			
		4）能正确检测 TPMS（BCM）插接器端子的电压	7			
		5）能规范拆卸 TPMS 线束插接器	7			
		6）能确认 TPMS 的故障部位	7			
		7）能规范安装轮胎压力传感器	7			
		8）能规范验证 TPMS 的功能	7			
3	工具及设备的使用能力	1）能正确使用故障诊断仪	2			
		2）能正确使用万用表	3			
		3）能正确使用内饰拆卸板	4			
		4）能正确使用示波器	4			
4	资料、信息查询能力	1）能正确查询线束插接器端子的含义	2			
		2）能正确使用维修手册查询资料	3			
		3）能正确记录所需维修信息	2			
5	数据判断和分析能力	1）能判断辅助蓄电池电压是否正常	1			
		2）能判断 TPMS 的显示是否正常	1			
		3）能判断 TPMS 电路和元件是否正常	1			
		4）能判断 TPMS 工作是否正常	2			
6	表单填写报告的撰写能力	1）字迹清晰	1			
		2）语句通顺	1			
		3）无错别字	1			
		4）无涂改	1			
		5）无抄袭	1			

总分：

项目三
转向系统的故障检修

汽车转向系统经历了机械转向系统、液压助力转向系统（HPS）、电液助力转向系统（EHPS）、电动助力转向系统（EPS）、线控转向系统（SBW）等几个阶段。目前，主要应用的是 EPS，量产车中仅有英菲尼迪 Q50 装备了线控转向系统。线控转向，采用了线传信号的方法，取消了机械联动装置，使得操纵更为灵活。线控转向的优点主要表现在：可以轻易地实现主动转向功能；可以获得比 EPS 更快的响应速度；可以轻易地滤除路面激振信号；碰撞时管柱侵入的可能性降低，安全性得到提高；更灵活的布置方式，可以获得更大的驾驶人腿部空间。

转向系统的故障诊断主要包括 3 个学习任务：电动助力转向器总成的更换、EPS 数据采集与分析、EPS 故障诊断与排除。

项目三 转向系统的故障检修 — 学习情境 转向系统的检修
- 任务一 电动助力转向器总成的更换
- 任务二 EPS 数据采集与分析
- 任务三 EPS 故障诊断与排除

学习情境

转向系统的检修

用来改变或保持汽车行驶或倒退方向的一系列装置称为汽车转向系统（Steering System）。汽车转向系统的功能就是按照驾驶人的意愿控制汽车的行驶方向。汽车转向系统对汽车的行驶安全至关重要。目前，对于纯电动汽车，大部分采用 EPS。

任务一　电动助力转向器总成的更换

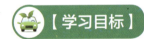【学习目标】

知识目标：

1）了解 EPS 的结构。

2）熟悉 EPS 的工作原理。

3）掌握 EPS 总成更换的流程。

技能目标：

1）具有向客户解释 EPS 优点的能力。

2）具有依据维修手册，正确更换 EPS 转向器部件的能力。

素养目标：

1）能够在工作过程中与小组其他成员合作、交流，养成团队合作意识，锻炼沟通能力。

2）养成认识问题、分析问题和解决问题的能力。

3）养成一丝不苟、精益求精的工匠精神。

【任务描述】

一辆吉利 EV450，行驶 5 万 km，车辆在打转向时转向盘松动且有噪声，根据故障现象，分析转向系统中间轴花键磨损严重，请根据维修手册，制订维修方案。

一、转向系统的组成

机械转向系统由转向器、转向操纵机构和转向传动机构3大部分组成。

1. 转向器

转向器的作用是把转向盘传来的转动转矩放大后传递到转向传动机构,并改变力的传递方向。其原理是使转向器组件起到减速增矩的作用,从而实现减小转向盘作用力的效果。减速比也叫作转向比,又称为传动效率,它通常为18∶1~20∶1。

作用力从转向盘传到转向摇臂的过程,称为正向传动;反之,转向摇臂将地面的冲击力传到转向盘的过程,称为逆向传动。当功率由转向盘输入,从转向摇臂输出时,所求得的传动效率,称为正传动效率;转向摇臂受到道路冲击而传到转向盘的传动效率,称为逆传动效率。

逆传动效率高的转向器称为可逆式转向器,这种转向器有利于汽车转向后的自动回正。但容易将坏路面反力传给转向盘,发生"打手"现象。逆传动效率很低的转向器称为不可逆式转向器。不平路面对转向轮的冲击载荷将传递不到转向盘,而是由各个传动部件承受。同样的,路面作用于车轮的回正力矩也不能传给转向盘,转向轮无法实现自动回正。如果使用这种转向器,驾驶人不能得到路面情况的反馈信息,将丧失"路感",无法调节转向力矩。由于上述特性,不可逆转向器在汽车上很少采用。

转向器按照动力源的不同,可分为机械转向器和动力转向器。机械转向器的结构型式很多,按照转向器传动副的结构类型进行分类,常用的转向器有循环球式、齿轮齿条式和蜗杆曲柄指销式,如图3-1所示。其中,齿轮齿条式由于结构简单紧凑,操控轻便灵敏,在轿车和轻型汽车上应用较广。

图3-1 转向器

2. 转向操纵机构

转向操纵机构主要包括转向盘、转向管柱总成、转向轴、上万向节、下万向节。其作用是将驾驶人转动转向盘的操纵力传给转向器。

(1) 转向盘　转向盘由轮圈、轮辐和轮毂组成。轮辐和轮圈一般以钢、铝或镁合金制成骨架,外表具有柔软的表皮,且能变形,以此来改善操纵转向盘的手感,并减轻驾驶人受伤,提高行车安全性。转向盘轮毂的内花键与转向轴连接,端部通过螺母轴向压紧固定。转向盘上都装有喇叭按钮,很多轿车的转向盘上还装有车速控制开关和安全气囊。

为了满足不同驾驶人在驾驶时对于驾驶位置的要求,可采用可调转向盘,一般在前后方向和上下方向可调,调整范围分别为前后约50mm、上下约44mm,调整方式为手动调整和电子调整。

(2) 转向管柱总成　在转向管柱上,一般装有转向盘调节手柄、保护装置和转向万向节等。转向盘调节手柄主要起锁止作用，该手柄松开后，驾驶人即可根据需要对转向盘进行相应位置的调整，完成调整后需要重新锁止，如图 3-2 所示。保护装置主要针对发生事故时起到一定的保护作用，而转向万向节主要用于传动，即传递转向力矩。

> **小知识：**
>
> 除碰撞吸能机构外，在某些车辆上的转向主轴还装有一些转向控制系统。例如，转向锁定机构、倾斜转向机构、伸缩式转向机构。

图 3-2 转向管柱总成

转向管柱一般安装在转向盘前方，驾驶人腿部上方，一端连接转向盘，另一端连接转向器。转向管柱中包含有一些附加装置，如点火钥匙机构、转向信号操纵控制杆、巡航车速控制装置、风窗玻璃清洗器和刮水器控制器、危险信号指示灯控制器、喇叭开关等。

3. 转向传动机构

转向传动机构的作用是把转向器的输出运动传送到转向节上，转向节使车轮转动，控制车辆的行驶方向。它允许有一些挠性运动，来适应车轮和悬架的运动。转向传动机构是 1 个杆和臂的组合件。

（1）转向摇臂　转向摇臂的大端用锥形三角细花键与转向器摇臂轴的外端连接，小端通过球头销与转向直拉杆连接。一般在循环球式转向器和蜗杆曲柄指销式转向器中使用，如图 3-3 所示。

为了保证转向摇臂在中间位置，在摇臂轴的外端面和转向摇臂孔外端面上刻有短线，或者以两者花键部分上的 1 个齿作为装配标记。装配时应将标记对齐。

（2）转向直拉杆　转向直拉杆是转向摇臂与转向节臂之间的传动杆件，具有传力和缓冲的作用，如图 3-4 所示。转向直拉杆在工作过程中，弹簧起缓冲作用，而且球头与球头销座磨损后，弹簧能自动调节其间的配合间隙。在转向轮偏转且因悬架弹性变形而相对于车架跳动时，转向直拉杆与转向摇臂及转向节臂的相对运动都是空间运动，为了不发生运动干涉，三者之间的连接件都是球形铰链。

（3）转向横拉杆　转向横拉杆是转向梯形机构的底边，由横拉杆体和旋转在两端的横拉杆接头组成。其特点是长度可调，通过调整横拉杆的长度，可以调整前轮前束，如图 3-5 所示。

图 3-3 转向摇臂　　　　图 3-4 转向直拉杆　　　　图 3-5 转向横拉杆

（4）转向节臂和梯形臂　转向直拉杆通过转向节臂和转向节相连，转向横拉杆两端经左、右梯形臂与转向节相连。转向节臂和梯形臂的一端与转向节相连，另一端的锥形孔和相应的拉杆球头销锥形柱配合，用螺母紧固后插入开口销把螺母锁住。

二、转向工作过程

轮式汽车实现转向的方法是：驾驶人通过一套机构使转向轮产生一定的偏转角度，如图3-6所示。当驾驶人给转向盘施加一个转向力矩，转向盘会转动相应的角度，力矩通过转向轴、转向万向节和转向传动轴输入至转向器，转向器将转向盘传来的力矩放大后进行输出，化为转向摇臂的摆动，转向摇臂拉动转向直拉杆和转向节臂，从而使转向节及左转向轮偏转。同时，左转向节带动左梯形臂摆动，左梯形臂通过转向横拉杆带动右梯形臂，使右转向节及右转向轮偏转。左、右转向节的梯形臂和转向横拉杆组成转向梯形。

三、吉利EV450车型转向系统的结构

吉利EV450车型采用EPS，操纵方便，转向灵敏。如图3-7所示，转向系统主要包括转向电机总成、转向盘、中间轴、时钟弹簧及转角传感器、齿轮齿条转向器和转向管柱等。

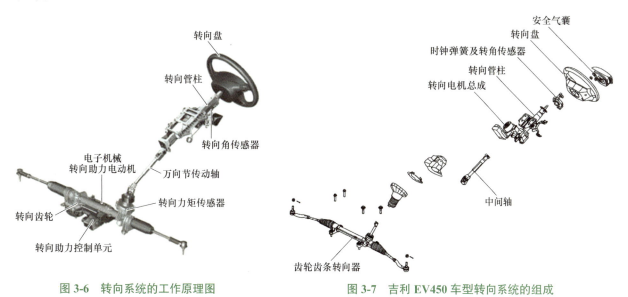

图3-6　转向系统的工作原理图　　　　图3-7　吉利EV450车型转向系统的组成

电动助力转向器总成的更换	学习任务单	班级： 姓名：

1. EV450电动助力转向系统由_____、_____、_____、_____、_____、转向器和转向管柱等组成。

2. 转向直拉杆是_____与_____之间的传动杆件。

3. 转向器的作用是把_____传来的转动转矩放大后传递到_____，并改变力的传递方向。

4. 转向横拉杆的特点是_____，通过调整横拉杆的长度，可以调整前轮前束。

5. 逆传动效率高的转向器称为_____。

6. 转向器按照动力源的不同，可分为_____和_____。

7. 简述转向机构的工作过程。

【任务实施】 电动转向管柱总成的更换

实训器材：

吉利 EV450、故障诊断仪、常用工具和维修手册等。

作业准备：

检查举升机，车辆在工位停放周正，铺好车内和车外护套。

【操作步骤】

扫一扫

电动转向管柱总成的更换

一、确认故障现象

一辆吉利 EV450，行驶 5 万 km，车辆在打转向时总有异响，经过维修技师检查确认为转向管柱总成损坏，需要进行更换。

二、执行高压断电操作

关闭起动开关，断开辅助蓄电池负极，并可靠放置，等待 5min 以上，断开直流母线，使用万用表验电，确保母线电压低于 50V。

三、利用故障诊断仪诊断故障

连接故障诊断仪，按下一键起动开关，打开故障诊断仪，进入 EPS 读取故障码和数据流。车辆下电后，清除故障码；车辆再次上电后，使用故障诊断仪再次读取故障码，并和之前的故障码进行对比，分析故障码的性质。

四、故障检测

序号	操作示意图	操作方法	标准
1		断开辅助蓄电池负极	对负极接线柱做好绝缘防护
2		拆卸转向盘下部的转向管柱保护壳	拆卸饰板请使用车身修理专用工具,否则容易将内饰板边缘刮花
3		拔掉线束插接器	对照电路图找到插接器位置,注意锁止开关,按照要求拔掉
4		拆卸主驾驶人侧安全气囊	在辅助蓄电池负极断开90s后再进行拆卸工作,不得拎提安全气囊模块上的导线或插接器进行搬运。禁止在安全气囊模块上放置任何物体
5		拆卸转向盘,拆卸之前在转向盘上做好标记	在操作之前,必须使前轮处于正前方并锁止转向盘

(续)

序号	操作示意图	操作方法	标准
6		拆卸组合开关	对照电路图找到插接器位置,注意锁止开关,按照要求拔掉插接器
7		拆卸仪表板左侧下护板,注意将护板卡扣和螺钉全部拆下,禁止暴力拆装	拆卸饰板请使用车身修理专用工具,否则容易将内饰板边缘刮花
8		拆卸转向管柱总成	拆卸万向节固定螺栓时,需要做好记号,确保安装时转向盘位置正确
9		安装转向管柱总成,并按维修手册的要求紧固力矩	机械转向管柱总成万向节螺栓紧固力矩:60N·m;转向管柱总成支架和横梁连接螺栓紧固力矩:25N·m

五、竣工检验

1)按照相反的顺序安装电动转向管柱总成。

2)起动车辆,验证转向功能。

3)整理、恢复作业场地。

电动转向管柱总成的更换	工作任务单	班级:
		姓名:

1. 车辆信息记录

品牌		整车型号		生产年月	
驱动电机型号		动力蓄电池电量		行驶里程	
车辆识别代号					

2. 作业场地准备

检查设置隔离栏	□是 □否
检查设置安全警示牌	□是 □否
检查灭火器压力、有效期	□是 □否
安装车辆挡块	□是 □否

3. 转向盘的检查

检查项目	检查情况	维修措施
转向盘固定螺母	破损□ 变形□ 老化□ 松动□ 正常□	调整□ 维修□ 更换□
转向盘花键套	破损□ 变形□ 老化□ 松动□ 正常□	调整□ 维修□ 更换□
转向管柱花键轴	破损□ 变形□ 老化□ 松动□ 正常□	调整□ 维修□ 更换□
中间轴万向节	破损□ 变形□ 老化□ 松动□ 正常□	调整□ 维修□ 更换□
中间轴花键套	破损□ 变形□ 老化□ 松动□ 正常□	调整□ 维修□ 更换□
转向器横拉杆总成	破损□ 变形□ 老化□ 松动□ 正常□	调整□ 维修□ 更换□

4. 电动转向管柱总成的检查

作业项目	检查情况	判定
转向管柱安装螺栓	破损□ 变形□ 老化□ 松动□ 正常□	异常□ 正常□
转向管柱总成安装支座	破损□ 变形□ 老化□ 松动□ 正常□	异常□ 正常□
转向管柱总成	破损□ 变形□ 老化□ 松动□ 正常□	异常□ 正常□
安全气囊时钟弹簧	破损□ 变形□ 老化□ 松动□ 正常□	异常□ 正常□

5. 转向管柱总成的更换

序号	更换步骤	备注

（续）

6. 转向管柱倾角调节的功能

检查项目	检查情况	判定
转向管柱倾斜锁止块	破损□ 变形□ 老化□ 松动□ 正常□	异常□ 正常□
转向管柱倾角调节手柄	破损□ 变形□ 老化□ 松动□ 正常□	异常□ 正常□
转向管柱倾斜弹簧	破损□ 变形□ 老化□ 松动□ 正常□	异常□ 正常□
转向管柱总成倾斜枢轴	破损□ 变形□ 老化□ 松动□ 正常□	异常□ 正常□

7. 作业场地恢复

拆卸车内三件套	□是　□否
拆卸翼子板布	□是　□否
将高压警示牌等放至原位置	□是　□否
清洁、整理场地	□是　□否

【课证融通考评单】电动转向管柱总成的更换			实习日期：	
姓名：	班级：	学号：	教师签名：	
自评：□熟练　□不熟练	互评：□熟练　□不熟练	师评：□合格　□不合格		
日期：	日期：	日期：		

电动转向管柱总成的更换【评分细则】

序号	评分项	得分条件	分值	自评	互评	师评
1	安全/7S/态度	1）能进行工位7S操作	3			
		2）能进行设备和工具安全检查	3			
		3）能进行车辆安全防护操作	3			
		4）能进行工具清洁、校准和存放操作	3			
		5）能进行三不落地操作	3			
2	专业技能能力	1）能正确检查转向盘固定螺母	4			
		2）能正确检查转向盘花键套	4			
		3）能正确检测转向管柱花键轴	4			
		4）能正确检测中间轴万向节	4			
		5）能正确检测中间轴花键套	4			
		6）能正确检测转向器横拉杆总成	4			
		7）能正确检测转向管柱总成	4			
		8）能正确检测安全气囊时钟弹簧	4			
		9）能正确检查转向管柱倾斜锁止块	4			
		10）能正确检查转向管柱倾角调节手柄	4			
		11）能正确检查转向管柱倾斜弹簧	4			
3	工具及设备的使用能力	1）能正确使用维修工具	4			
		2）能正确拆卸转向盘	4			
		3）能正确拆卸组合开关	4			

(续)

序号	评分项	得分条件	分值	自评	互评	师评
4	资料、信息查询能力	1）能正确查询线束插接器端子的含义	3			
		2）能正确使用维修手册查询资料	4			
		3）能正确记录所需维修信息	4			
5	数据判断和分析能力	1）能判断转向盘是否正常	4			
		2）能判断转向管柱总成是否正常	4			
		3）能判断转向管柱倾角调节功能是否正常	5			
6	表单填写报告的撰写能力	1）字迹清晰	1			
		2）语句通顺	1			
		3）无错别字	1			
		4）无涂改	1			
		5）无抄袭	1			
总分：						

任务二　EPS 数据采集与分析

【学习目标】

知识目标：

1）了解 EPS 的优点。

2）熟悉 EPS 部件的结构及工作原理。

3）掌握 EPS 的检修流程。

技能目标：

1）具有正确制订 EPS 检修流程的能力。

2）具有依据维修手册，对 EPS 进行故障诊断与排除的能力。

素养目标：

1）养成认识问题、分析问题和解决问题的能力。

2）养成 7S 管理的工作习惯。

3）养成一丝不苟、精益求精的工匠精神。

【任务描述】

一辆吉利 EV450，行驶 5 万 km，打开起动开关，仪表 EPS 故障指示灯常亮，根据故障现象，判断为 EPS 故障，请根据维修手册，制订 EPS 检修方案进行维修。

一、EPS 的组成

吉利 EV450 车型 EPS 如图 3-8 所示。

小知识:

EPS 与 HPS 相比有以下优点:

1) 不转向时,不消耗功率,比 EPS 可以降低燃油消耗 3%~5%。

2) 转向助力的大小,可以通过控制单元中的软件,实现随车速等的变化而变化。

3) 结构紧凑、重量轻、工作噪声小。

4) 比 HPS 结构简单,无油泵、液压油、橡胶软管、油罐等。

5) 符合环保要求,车辆报废时,无须处理液压油、橡胶软管等,也没有液压油的泄漏问题。

图 3-8 吉利 EV450 车型 EPS

EPS 以前主要使用双线圈的转矩传感器,仅能检测转向盘的转向转矩,不能检测转向盘转动的角度和角速度,从而难以实现精确控制,所以其发展趋势倾向于将转矩传感器和转角传感器集成化,并采用非接触式结构,如磁环霍尔式、磁环磁阻式、光电式、微波式等传感器,以适应汽车智能化和集成化的发展。

1. 传感器

传感器包括转矩传感器、转角传感器和电流传感器 3 种。

(1) **转矩传感器** 转矩传感器的作用是采集驾驶人施加在转向盘上的力矩大小,经过处理后输入 ECU。该信号是 EPS 的主要控制信号之一。

磁环磁阻式转矩传感器:磁阻元件组成的集成电路作为传感头,信号轮是和转向管柱同步转动的多极磁性转子,如图 3-9 所示。驾驶人转向时转向管柱转动,带动磁性转子转动,扭力杆(扭转杆)在转向管柱的带动下拖动小齿轮转动,进而推动齿条运动。因为转向时扭力杆的扭转使磁性转子与利用磁阻效应的传感头错开,所以通过磁阻元件的磁通量发生变化,这种变化经放大后输入 EPS。

(2) **转角传感器** 转角传感器的作用是采集驾驶人施加在转向盘上的转向角度与角速度的信号,经处理后输入 ECU,如图 3-10 所示。该信号为 EPS 的主要控制信号之一。当该信号失效时,应急运转模式启动,由替代值代替,EPS 仍然起作用,只不过故障指示灯常亮。

转角传感器一般为光电式,利用光栅原理测量角度。光束通过孔隙照到传感器上,产生电压信号。若光线被挡住,电压消失。因为中间层信号盘开口均匀转动时产生高低两个不同的电压序列,匀速转动信号盘产生的电压信号也是规则信号。外层信号盘因为开口不规则生成不规则的高低电压信号。比较规则与不规则的两个信号，系统可以计算出模板移动的距离，由不规则模板确定运动的起始点。

图 3-9　转矩传感器

图 3-10　转角传感器

ECU 的输入信号除转向盘转角、转向盘转矩及车速等基本信号外，有的汽车还有汽车横摆角速度、侧向加速度、前轴负荷及起动等多种辅助信号，主要是为了判断地面附着力变化，修正转向电机电流。

（3）电流传感器　电流传感器位于 ECU 内，检测电机回路的电流。

2. EPS 控制单元（ECU）

ECU 是 EPS 的控制核心，它根据各传感器的输入信号进行计算分析，得出控制参数的最佳值，然后发出控制指令给电机，控制其动作，如图 3-11 所示。ECU 的控制系统与控制算法也是 EPS 的关键技术之一，要求控制系统抗干扰性好，能进行实时控制，还应具有安全保护和故障自诊断功能等。

3. 电机

电机的作用是根据 ECU 的控制指令输出适宜的助力转矩，它是 EPS 的动力源，如图 3-12 所示。汽车转向时的路感和电机的性能密切相关，要求小转角时助力增加慢、大转角时助力增加快、低速时助力大、高速时助力小，而且转向轮对转向盘的跟随性好。电机是 EPS 的关键技术之一，要求具有控制性能好、转速低、转矩高、响应快、波动小、尺寸小及可靠性高等特点。常用的电机包括永磁同步电机和无刷直流电机两类，它们既保留了普通直流电机优良的机械特性与调节特性，而且结构简单、运行可靠。永磁同步电机转矩脉动小、响应快、结构紧凑；若能确保产生恒定的磁场，永磁同步电机用最简单的 PWM 方式调节电枢电流即可获得所需的助力力矩，从而简化 ECU 软硬件设计。

图 3-11　ECU

图 3-12　转向助力电机

二、EPS 的工作原理

EPS 的工作原理图如图 3-13 所示，它借助电机对转向轴实现助力作用。EPS 由转向盘转动转矩和转速传感器、车速传感器、助力机械装置、转向助力电机及控制单元组成。

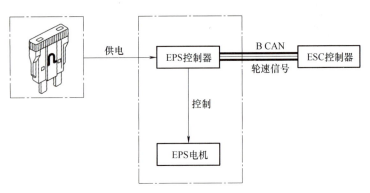

图 3-13　EPS 的工作原理图

汽车不转向时，电机不工作。当驾驶人操作转向盘时，连接转向盘的扭杆发生形变，其形变角度与施加到转向盘的转矩成正比，转矩传感器将扭杆形变的角度转化成线性的电压输出信号 T，此信号和车速信号 V 一起被送入 ECU。ECU 根据这些信号，结合所检测到的助力电机的电流反馈信号进行运算处理，从目标电机电流曲线图中确定电机助力电流的大小与方向。该电流对应的电机输出转矩为所需的助力转矩，由电磁离合器通过减速机构减速增矩后，加在转向轴上使其得到一个与汽车行驶工况相适应的转向作用力。

在不同车速下，转向助力电流不同，导致转向盘转动力矩不同，通常 ECU 存储左右两个方向各 8 条目标电机电流曲线。若转向盘转动到最大转角位置，并保持在此位置，以及转向助力也达到最大，控制单元减小供给电机的电流，以免电机过载和损坏电机。

EPS 一般有以下 3 种工作模式：正常控制模式，在此模式时，响应来自转向转矩与转速传感器的信号，提供左右方向转向助力；返回控制模式，在完成转向后，用此模式帮助转向回正直线行驶；阻尼控制模式，随车速的变化来改善路感及对反冲的不良反应进行阻尼，以保持直线行驶。

三、EPS 电路分析

吉利 EV450 车型转向系统电路图如图 3-14 所示。EPS 电源电路包括 B+ 和 IG1，分别为 B+ → AM01 → IP36/1 和 IG1 → IF23 → IP35a/5，EPS 模块通过 V-CAN 接收转向盘转角、转速和车速等信号，判断车辆行驶状态，计算转向助力电机的输出转矩，向电机提供工作电流。EPS 故障指示灯位于组合仪表上，通过点亮来通知驾驶人 EPS 发生故障，EPS 模块检测系统有故障，通过 V-CAN 向组合仪表发送请求指示灯点亮信息。组合仪表检测到与 EPS 模块之间的通信丢失，也会点亮故障指示灯。

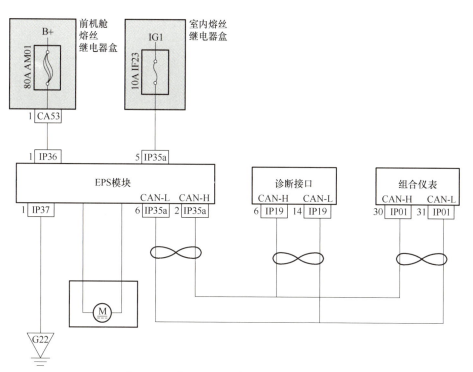

图 3-14 吉利 EV450 车型转向系统电路图

| EPS 数据采集与分析 | 学习任务单 | 班级：
姓名： |

1. EPS 模块通过_____接收转向盘转角、转速和车速等信号。
2. 汽车大转向时，电机转向助力_____。
3. 汽车高车速时，电机转向助力_____。
4. EPS ECU 一般有 3 种工作模式，分别是_____、_____和_____。
5. 简述 EPS 的优点。

6. 简述吉利 EV450 车型 EPS 的工作原理。

【任务实施】EPS 数据采集与分析

实训器材：

吉利 EV450、故障诊断仪、常用工具和维修手册等。

作业准备：

检查举升机，车辆在工位停放周正，铺好车内和车外护套。

【操作步骤】

EPS 数据采集与分析

一、确认故障现象

打开起动开关，仪表 EPS 故障指示灯常亮，其他功能正常。

二、执行高压断电操作

关闭起动开关，断开动力蓄电池负极，并可靠放置，等待 5min 以上，断开直流母线，使用万用表验电，确保母线电压低于 50V。

三、利用故障诊断仪诊断故障

连接故障诊断仪，按下一键起动开关，打开故障诊断仪，读取故障码和数据流。车辆下电后，清除故障码；车辆再次上电后，使用故障诊断仪再次读取故障码，并和之前的故障码进行对比，分析故障码的性质。

四、故障检测

序号	操作示意图	操作方法	标准
1		测量辅助蓄电池电压，万用表红黑表笔分别接蓄电池正负接线柱	11~14V
2		检查转向盘转角传感器供电熔丝 IF28 电阻	<1Ω
3		使用万用表测试 IF28 输出端对地电阻，**注意电阻要断电进行测量**	无穷大

（续）

序号	操作示意图	操作方法	标准
4		检查转向传感器电源、接地电路，使用万用表电压档检测IP41a供电电压，注意ON档测量	11~14V
5		使用万用表电阻档检查接地端子接地电阻，**注意电阻要断电进行测量**	<1Ω
6		检查EPS模块与转向盘转矩输入传感器之间电路，使用万用表测试IP35a与IP41a之间数据通信线束电阻	

五、竣工检验

1）按照相反顺序安装线束插接器。
2）打开起动开关，确认故障是否恢复。
3）整理、恢复作业场地。

EPS 数据采集与分析	工作任务单	班级：
		姓名：

1. 车辆信息记录

品牌		整车型号		生产年月	
驱动电机型号		动力蓄电池电量		行驶里程	
车辆识别代号					

2. 作业场地准备

检查设置隔离栏	□是 □否
检查设置安全警示牌	□是 □否
检查灭火器压力、有效期	□是 □否
安装车辆挡块	□是 □否

3. 记录故障现象

4. 使用故障诊断仪读取故障码、数据流

故障码	
数据流	

5. 拆画转向系统电路简图

6. 故障检测

检测对象	检测条件	检测值	标准值	结果判断

(续)

7. 故障确认

故障点	故障类型	维修措施

8. 竣工检验

车辆是否正常上电	□是 □否
故障灯是否熄灭	□是 □否

9. 作业场地恢复

拆卸车内三件套	□是 □否
拆卸翼子板布	□是 □否
将高压警示牌等放至原位置	□是 □否
清洁、整理场地	□是 □否

【课证融通考评单】EPS 数据采集与分析		实习日期：	
姓名：	班级：	学号：	教师签名：
自评：□熟练 □不熟练	互评：□熟练 □不熟练	师评：□合格 □不合格	
日期：	日期：	日期：	

EPS 数据采集与分析【评分细则】

序号	评分项	得分条件	分值	自评	互评	师评
1	安全/7S/态度	1）能进行工位 7S 操作	3			
		2）能进行设备和工具安全检查	3			
		3）能进行车辆安全防护操作	3			
		4）能进行工具清洁、校准和存放操作	3			
		5）能进行三不落地操作	3			
2	专业技能能力	1）能正确确认故障现象	4			
		2）能规范拆卸 EPS 线束插接器	4			
		3）能正确测量辅助蓄电池电压	4			
		4）能正确检测 EPS 线束插接器端子电压	5			
		5）能正确检测 EPS 线束插接器端子电阻	5			
		6）能确认 EPS 故障部位	4			
		7）能规范修复 EPS 故障部位	5			
		8）能规范验证 EPS 功能	5			
3	工具及设备的使用能力	1）能正确使用故障诊断仪	4			
		2）能正确使用万用表	4			
		3）能正确使用内饰拆卸板	4			
4	资料、信息查询能力	1）能正确查询线束插接器端子的含义	4			
		2）能正确使用维修手册查询资料	4			
		3）能正确记录所需维修信息	4			

（续）

序号	评分项	得分条件	分值	自评	互评	师评
5	数据判断和分析能力	1）能判断辅助蓄电池电压是否正常	5			
		2）能判断 EPS 供电是否正常	5			
		3）能判断 EPS 搭铁是否正常	5			
		4）能判断信号数据通信是否正常	5			
6	表单填写报告的撰写能力	1）字迹清晰	1			
		2）语句通顺	1			
		3）无错别字	1			
		4）无涂改	1			
		5）无抄袭	1			
总分：						

任务三　EPS 故障诊断与排除

知识目标：

1）了解转向系统的检修流程。

2）熟悉转向系统常见故障的可能原因。

3）掌握转向系统常见故障的检修方法。

技能目标：

1）具有正确制订 EPS 检修流程的能力。

2）具有依据维修手册，对 EPS 进行故障诊断与排除的能力。

素养目标：

1）能够在工作过程中与小组其他成员合作、交流，养成团队合作意识，锻炼沟通能力。

2）养成认识问题、分析问题和解决问题的能力。

3）养成 7S 管理的工作习惯。

4）养成一丝不苟、精益求精的工匠精神。

一辆吉利 EV450，行驶 5 万 km，打开起动开关，仪表 EPS 故障指示灯常亮，根据故障现象，判断为 EPS 故障，请根据维修手册，制订 EPS 维修方案并维修。

【获取信息】

一、转向系统的常见故障

1. 转向盘自由行程过大

（1）故障现象　汽车实施转向或接收路面感觉不灵敏，转向盘游动间隙超过规定标准，转向盘虽然转动了许多，但转向轮没有发生偏转，或转向盘不动而转向轮却自动偏转。

（2）故障原因　转向盘与转向轴固定螺母松动，转向器主、从动部分啮合间隙过大，摇臂轴与衬套间松旷，转向器内主、从动轴承松旷，横、直拉杆球节调整不当或磨损松旷，转向节主销与衬套磨损过甚等。

（3）处理方法　两人配合，一人在车上转动转向盘，另一人在车下观察摇臂和转向轮。若转向盘已转动许多而摇臂并不摆动，说明故障在转向器部分；若摇臂已转动许多而前轮不偏转，说明故障在传动机构。

2. 转向沉重

（1）故障现象　汽车在运行中，驾驶人向左或向右转动转向盘时，感觉沉重吃力且无回正感，当汽车以低速转弯行驶时，转动转向盘非常吃力，甚至打不动转向盘。

（2）故障原因　转向轴弯曲变形，转向器内主动部分的轴承预紧力过大，转向器内缺油，摇臂轴与衬套装配过紧，主销内倾、后倾角度变大或前束不符合要求，前钢板弹簧挠度尺寸不符合要求，轮胎气压不足。

（3）处理方法　支起前桥，若转向轻便，则故障在前轴和轮胎等部位；若转向沉重，则故障在转向器或传动机构。

3. 前轮摇摆

（1）故障现象　汽车在一定速度下行驶时，两前轮各自绕主销产生角振动，通常为前轮摆动。前轮左右摆动严重时，转向盘抖振强烈，手感发麻，甚至在驾驶室内都能看到车头晃动，此时前轮沿着一条弯曲的波形轨迹向前滚动。

（2）故障原因　前轮定位失常，转向机构松旷，前轮质量不平衡，转向系统刚度低，U 形螺栓或钢板销与衬套松旷，前悬架运动干涉，道路不平等。

（3）处理方法　检查并调整前轮定位参数、转向机构、前轮的动平衡等。

4. 行驶跑偏

汽车在平直路面上行驶时，不能保持直线行驶，总是自动偏向道路某一边，必须用力握住转向盘，才能直线行驶。前桥或车架变形，前轮轮毂轴承和主销松旷，定位参数改变；前轮轮胎新旧程度不同或气压不一致、减振器失效等。

二、EPS 常见故障及可能的故障原因

在 DTC 检查时显示正常代码，可是故障依然存在，可按照表 3-1 给出的检查顺序检查系统是否存在各种故障症状，然后进入相关的维修方案，以排除故障。

表 3-1　EPS 常见故障及可能的故障原因

故障现象	可能的故障原因	维修措施
转向盘松动	1）转向盘固定螺母	紧固或更换螺母
	2）电动助力转向管柱总成系统的连接螺栓	紧固或更换螺母
	3）中间轴万向节	更换中间轴总成
	4）转向盘花键套	更换转向盘
	5）转向管柱花键轴	更换转向管柱
	6）中间轴花键套/轴	更换中间轴
	7）机械转向器带横拉杆总成	修理或更换机械转向器带横拉杆总成
电动助力转向管柱总成松动	1）电动助力转向管柱安装螺栓松动	紧固或更换
	2）电动助力转向管柱总成安装支座损坏	更换仪表台支架
	3）电动助力转向管柱总成损坏	更换电动助力转向管柱总成
电动助力转向管柱总成内有噪声	1）电动助力转向管柱安装螺栓松动	紧固或更换
	2）安全气囊时钟弹簧损坏	重新安装时钟弹簧
	3）电动助力转向管柱总成系统的连接螺栓	紧固或更换螺栓
	4）中间轴万向节缺少润滑	涂抹润滑脂
转向管柱倾角调节功能不正常	1）转向管柱倾斜锁止块卡住	清理杂质，除锈润滑锁止块
	2）转向管柱倾角调节手柄松动	紧固固定螺母
	3）转向管柱倾斜弹簧损坏	重新安装弹簧
	4）电动助力转向管柱总成倾斜枢轴锈蚀	除锈润滑

三、EPS DTC

EPS 常见 DTC：0xF003——电源电压过低故障、电源电压过高故障；0x600B——转向转矩传感器信号 1 计算故障、转向转矩传感器信号 1 不稳定故障；0x600C——转向转矩传感器信号 2 不稳定故障；0x5B00——转向转矩传感器信号计算故障、转向转矩传感器信号比较故障；0xE011——转向转矩传感器信号不稳定故障、电机内部电气故障；0x600D——电机旋转角度传感器内部电气故障；0xF000——控制模块校验码故障、控制模块存储单元故障、控制模块车辆助力参数错误；0xF004——电源继电器内部电气故障；0xC001——高速 CAN 通信中断故障；0xC300——内部控制模块软件不兼容故障；0xC401——接收到 ESC 无效数据故障；0xC100——同 ESC 通信中断故障；0xC402——接收到 EMS 无效数据故障；0xC101——同 EMS 通信中断故障；0xE100——未完成初始化配置故障；0x5B00——未正确安装转向角度传感器故障、未匹配转向角度传感器故障；0x500C——直行保持补偿故障；0x600B——转向转矩传感器信号 1 比较故障。

四、EPS 常见故障诊断与排除流程

1. EPS 指示灯常亮

EPS 指示灯常亮诊断步骤见表 3-2。

表 3-2　EPS 指示灯常亮诊断步骤

诊断步骤名称	诊断方法
1. 检查辅助蓄电池电压	1）测量辅助蓄电池电压，电压标准值为 11~14V 2）确认电压是否符合标准值 诊断思路：是，转至步骤 2；否，对蓄电池进行充电或检查充电系统
2. 检查熔丝 EF16 是否熔断	1）关闭起动开关 2）拔下熔丝 AM01（80A）和 IF23（10A），检查熔丝是否熔断 诊断思路：是，检修熔丝电路，更换额定容量熔丝；否，转至步骤 3
3. 检查 EPS 控制单元电源	测量 EPS 线束插接器 IP36 的 1 号端子与车身接地之间的电压，电压标准值为 11~14V 诊断思路：是，转至步骤 4；否，检修熔丝，修理或更换线束
4. 检查 EPS 控制单元接地	测量 EPS 线束插接器 IP37 端子 1 与车身接地之间的电阻，电阻标准值应小于 1Ω 诊断思路：是，转至步骤 5；否，修理或更换线束
5. 检查 EPS 控制单元 IG1 电路	1）打开起动开关 2）测量 EPS 线束插接器 IP35a 端子 5 与车身接地之间的电压，电压标准值为 11~14V 诊断思路：是，转至步骤 6；否，修理或更换线束
6. 进行 V-CAN 网络完整性检查	1）关闭起动开关 2）用万用表测量诊断接口 IP16 端子 6 和端子 14 之间的电阻值，标准电阻应为 55~67.5Ω 诊断思路：是，转至步骤 7；否，修理或更换线束
7. 检修 EPS 控制单元 CAN 电路	1）关闭起动开关 2）断开 EPS 线束插接器 IP35a 3）断开诊断接口线束插接器 IP16 4）用万用表测量 EPS 线束插接器 IP35a 的 2 号端子和诊断接口线束插接器 IP16 的 6 号端子之间的电阻值。标准电阻应小于 1Ω 5）用万用表测量 EPS 线束插接器 IP35a 的 6 号端子和诊断接口线束插接器 IP16 的 14 号之间的电阻值。标准电阻应小于 1Ω 诊断思路：是，转至步骤 8；否，修理或更换线束
8. 检修组合仪表控制单元 CAN 电路	1）关闭起动开关 2）断开组合仪表线束插接器 IP01 3）断开诊断接口线束插接器 IP01 4）用万用表测量组合仪表线束插接器 IP01 的 30 号端子和诊断接口线束插接器 IP16 的 6 号端子之间的电阻值。标准电阻应小于 1Ω 5）用万用表测量组合仪表线束插接器 IP16 的 31 号端子和诊断接口线束插接器 IP16 的 14 号端子之间的电阻值。标准电阻应小于 1Ω 诊断思路：是，转至步骤 9；否，修理或更换线束
9. 更换 EPS 控制模块	1）关闭起动开关 2）断开蓄电池负极电缆 3）更换 EPS 控制模块 4）确认系统是否正常 诊断思路：是，系统正常；否，转至步骤 10
10. 更换组合仪表	1）关闭起动开关 2）断开蓄电池负极电缆 3）更换组合仪表 4）确认故障是否排除

2. EPS 通信故障

EPS 通信故障诊断步骤见表 3-3。

表 3-3　EPS 通信故障诊断步骤

诊断步骤名称	诊断方法
1. 检查熔丝 IF23 是否熔断	1）关闭起动开关 2）拔下熔丝 IF23（10A），检查熔丝是否熔断 诊断思路：是，检修熔丝电路，更换额定容量熔丝；否，转至步骤 2
2. 检查 EPS 控制单元电源	测量 EPS 线束插接器 IP36 的 1 号端子与车身接地之间的电压，电压标准值为 11~14V 诊断思路：是，转至步骤 3；否，检修熔丝，修理或更换线束
3. 检查 EPS 控制单元接地	测量 EPS 线束插接器 IP37 端子 1 与车身接地之间的电阻，电阻标准值应小于 1Ω 诊断思路：是，转至步骤 4；否，修理或更换线束
4. 检查 EPS 控制单元 IG1 电路	1）打开起动开关 2）测量 EPS 线束插接器 IP35a 端子 5 与车身接地之间的电压，电压标准值为 11~14V 诊断思路：是，转至步骤 5；否，修理或更换线束
5. 检查车身稳定控制系统（ESC）模块的通信电路	1）关闭起动开关 2）断开 ESC 线束插接器 CA20 3）用万用表测量 ESC 线束插接器 CA20 端子 14 和诊断接口 IP19 端子 14 之间的电阻 4）用万用表测量 ESC 线束插接器 CA20 端子 26 和诊断接口 IP19 端子 6 之间的电阻 诊断思路：是，转至步骤 6；否，更换或修理线束及插接器
6. 更换 ESC 模块	1）更换 ESC 模块 2）打开起动开关，确认功能是否正常 诊断思路：是，系统正常；否，转至步骤 7
7. 更换电子驻车制动系统（EPB）模块	1）更换 EPB 模块 2）打开起动开关，确认功能是否正常 诊断思路：是，系统正常

EPS 故障诊断与排除	学习任务单	班级： 姓名：

1. EPS 常见的故障有哪些？

2. 转向盘松动可能的原因有哪些？

3. EPS 警告灯常亮的故障如何排除？

项目三 转向系统的故障检修

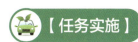**【任务实施】** EPS 故障诊断与排除

实训器材：

吉利 EV450、故障诊断仪、常用工具和维修手册等。

作业准备：

检查举升机，车辆在工位停放周正，铺好车内和车外护套。

**【操作步骤】**

一、确认故障现象

打开起动开关，仪表 EPS 故障指示灯常亮，其他功能正常。

二、执行高压断电操作

关闭起动开关，断开动力蓄电池负极，并可靠放置，等待 5min 以上，断开直流母线，使用万用表验电，确保母线电压低于 50V。

三、利用故障诊断仪诊断故障

连接故障诊断仪，按下一键起动开关，打开故障诊断仪，读取故障码和数据流。车辆下电后，清除故障码；车辆再次上电后，使用故障诊断仪再次读取故障码，并和之前的故障码进行对比，分析故障码的性质。

扫一扫

EPS 故障诊断与排除

四、故障检测

序号	操作示意图	操作方法	标准
1		测量辅助蓄电池电压，万用表红黑表笔分别接蓄电池正负接线柱	11~14V
2		检查 EPS 输出模块供电熔丝 AM01、IF23，测量 AM01、IF23 输出端电压，AM01、IF23 电阻	AM01、IF23 端对地电压标准值应为 11~14V；AM01、IF23 电阻标准值应小于 1Ω

121

(续)

序号	操作示意图	操作方法	标准
3		使用万用表测试 AM01、IF23 输出端对地电阻，注意电阻要断电进行测量	无穷大
4		检查 EPS 模块电源、接地电路，使用万用表检测 IP35a 供电电压	11~14V
5		使用万用表检测 IP35a 接地端子对地电阻，注意电阻要断电进行测量	<1Ω
6		检查 EPS 控制模块与 IP19 之间通信电路，使用万用表测试 IP35a 与 IP19 之间数据通信线束	

五、竣工检验

1）按照相反顺序安装 EPS 线束插接器。

2）打开起动开关，确认故障是否解除。

3）整理、恢复作业场地。

EPS 故障诊断与排除	工作任务单	班级：	
		姓名：	

1. 车辆信息记录

品牌		整车型号		生产年月	
驱动电机型号		动力蓄电池电量		行驶里程	
车辆识别代号					

2. 作业场地准备

检查设置隔离栏	□是 □否
检查设置安全警示牌	□是 □否
检查灭火器压力、有效期	□是 □否
安装车辆挡块	□是 □否

3. 记录故障现象

4. 使用故障诊断仪读取故障码、数据流

故障码	
数据流	

5. 拆画转向系统电路简图

6. 故障检测

检测对象	检测条件	检测值	标准值	结果判断

（续）

7. 故障确认		
故障点	故障类型	维修措施

8. 竣工检验	
车辆是否正常上电	□是 □否
故障灯是否熄灭	□是 □否

9. 作业场地恢复	
拆卸车内三件套	□是 □否
拆卸翼子板布	□是 □否
将高压警示牌等放至原位置	□是 □否
清洁、整理场地	□是 □否

【课证融通考评单】 EPS 故障诊断与排除			实习日期：	
姓名：	班级：	学号：		教师签名：
自评：□熟练 □不熟练	互评：□熟练 □不熟练	师评：□合格 □不合格		
日期：	日期：	日期：		

EPS 故障诊断与排除【评分细则】

序号	评分项	得分条件	分值	自评	互评	师评
1	安全/7S/态度	1）能进行工位 7S 操作	3			
		2）能进行设备和工具安全检查	3			
		3）能进行车辆安全防护操作	3			
		4）能进行工具清洁、校准和存放操作	3			
		5）能进行三不落地操作	3			
2	专业技能能力	1）能正确确认故障现象	4			
		2）能规范拆卸 EPS 线束插接器	4			
		3）能正确测量辅助蓄电池电压	4			
		4）能正确检测 EPS 线束插接器端子电压	4			
		5）能正确检测 EPS 线束插接器端子电阻	5			
		6）能确认 EPS 故障部位	5			
		7）能规范修复 EPS 故障部位	5			
		8）能规范验证 EPS 功能	5			
3	工具及设备的使用能力	1）能正确使用故障诊断仪	4			
		2）能正确使用万用表	4			
		3）能正确使用内饰拆卸板	4			

（续）

序号	评分项	得分条件	分值	自评	互评	师评
4	资料、信息查询能力	1）能正确查询线束插接器端子的含义	4			
		2）能正确使用维修手册查询资料	4			
		3）能正确记录所需维修信息	4			
5	数据判断和分析能力	1）能判断辅助蓄电池电压是否正常	5			
		2）能判断EPS供电是否正常	5			
		3）能判断EPS搭铁是否正常	5			
		4）能判断信号数据通信是否正常	5			
6	表单填写报告的撰写能力	1）字迹清晰	1			
		2）语句通顺	1			
		3）无错别字	1			
		4）无涂改	1			
		5）无抄袭	1			

总分：

项目四
制动系统的故障检修

在 2015 年之前，国内乘用车主要采用的是德国博世公司的制动系统，价格为 2000 元/套，很多国产品牌只能高价购买，致使整车价格很高。比亚迪在与博世公司降价谈判无果后，决定自主研发，并在很短的时间内就研发了具有自主知识产权的制动系统，只有加强自主研发，中国高科技行业才有出路。

制动系统的故障诊断主要包括 3 个学习情境：行车制动系统的故障检修、驻车制动系统的故障检修和制动能量回收系统的故障检修。

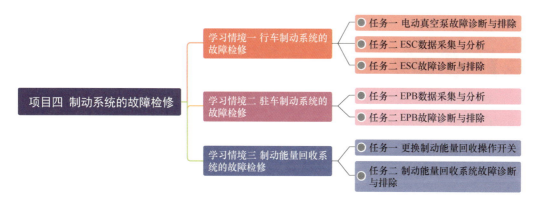

汽车制动系统按制动传动介质的不同分类，可分为液压制动系统和气压制动系统两大类，轿车上普遍采用液压制动系统，大型货车上采用气压制动系统。

汽车制动系统按制动系统的作用分类，可分为行车制动系统和驻车制动系统两大类。行车制动系统用于行驶中的汽车减速或停车，通常由驾驶人用脚操纵；驻车制动系统用于使停驶的车辆停留原地不动。

学习情境一
行车制动系统的故障检修

行车制动系统是保证动力性能发挥和行车安全最基本的系统,它具备让汽车在行车过程中能及时减速至全停车的功能和让汽车在下长坡时具有稳定车速且不使汽车速度越来越快的功能。新能源汽车行车制动系统与传统汽车基本一致,在真空助力上有所区别,传统汽车使用的是利用发动机工作时进气道内真空实现助力,而新能源汽车则采用电子真空泵来实现真空助力,也有部分车型(如特斯拉、蔚来等使用的是博世公司的 iBooster 制动系统)采用电机实现助力。

任务一 电动真空泵故障诊断与排除

【学习目标】

知识目标:

1)了解行车制动系统的结构。
2)熟悉行车制动系统的工作原理。
3)掌握电动真空泵的故障诊断流程。

技能目标:

1)具有正确操作行车制动系统的能力。
2)具有向客户讲解行车制动系统工作原理的能力。
3)具有依据维修手册,对电动真空泵进行故障诊断与排除的能力。

素养目标:

1)在操作过程中树立高压安全意识。
2)通过制订故障检修流程,具备分析问题和解决问题的能力。
3)能在工作结束后按照 7S 管理规定整理、恢复作业场地,养成良好的工作习惯。
4)以比亚迪开发制动系统,打破国外技术壁垒,引导学生讨论,培养学生科技强国的意识。

【任务描述】

一辆吉利 EV450，在踩下制动踏板的同时按下一键起动开关后，车辆上电正常，踩制动踏板发现没有制动助力，经维修技师初步诊断，确定为真空助力。请根据该故障现象制订一份电动真空泵故障检修方案，完成电动真空泵的故障诊断与排除。

【获取信息】

一、认识行车制动系统

液压式行车制动系统主要由制动踏板、制动踏板推杆、电动真空泵、真空助力器、真空软管、制动总泵储液罐、制动总泵、制动管路、制动分泵、制动系统故障指示灯和制动器等组成。

制动系统的主要部件及作用如下：

（1）制动踏板　制动踏板安装在驾驶室内，从驾驶人处接收和传输制动系统输入力。

（2）制动踏板推杆　制动踏板推杆连接制动踏板与真空助力器，将经过放大的制动踏板输入力传递至真空助力器。

（3）电动真空泵　使用车载电源驱动泵体，用于形成制动助力器真空源。

（4）真空助力器　制动系统输入力通过制动踏板放大，并由制动踏板推杆传递到真空助力器，经过真空助力器助力后施加到液压制动总泵。真空助力器利用真空源进行助力，减少驾驶人施加在制动踏板的操纵力。

（5）真空软管　真空软管用于输送真空助力器所需的真空源。

（6）制动总泵储液罐　制动总泵储液罐内部装有供液压制动系统使用的制动液。

（7）制动总泵　将机械输入力转换为液压输出压力，液压输出压力从总泵分配到两个液压油路，为对角式车轮制动油路供油。

（8）制动管路　制动管路传递制动液流经液压制动系统各部件。

（9）制动分泵　制动分泵将液压输入压力转换为机械输出力。系统操作来自制动踏板的机械力由总泵转换为油液压力，经过液压电子控制单元的调整后，通过制动硬管和软管输送到制动分泵，制动分泵再将油液压力转换成机械力，从而使制动衬块压紧制动盘，进行车辆的制动。

（10）制动系统故障指示灯　制动系统故障指示灯集成在组合仪表中，组合仪表检测到制动液液面过低的情况，组合仪表将点亮制动系统故障指示灯。

（11）制动器　制动器按结构的不同，可分为鼓式制动器和盘式制动器，如图 4-1 所示。其中，鼓式制动器由于能产生大的制动力矩，广泛应用于货车或部分轿车后轮；盘式制动器由于散热性能好，广泛应用于轿车。

吉利 EV450 车型行车制动系统是由一套液压制动系统组成的，如图 4-2 所示。

新能源汽车底盘技术

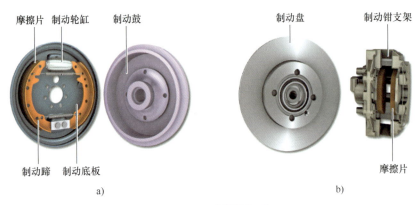

图 4-1 制动器的类型
a）鼓式制动器 b）盘式制动器

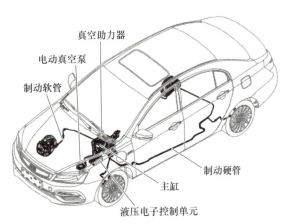

图 4-2 吉利 EV450 车型液压制动系统示意图

二、电动真空助力系统的组成和工作原理

纯电动汽车制动助力的真空由一套专用的电动真空助力系统提供。

1. 电动真空泵的分类及结构

电动真空泵根据结构的不同可分为膜片式真空泵、叶片式真空泵和摇摆式活塞真空泵等。

（1）膜片式真空泵　膜片式真空泵利用特殊设计的膜片取代活塞，在电机的作用下实现往复运动，在泵头的吸气端和排气端各设一个单向阀，在行程的前半程将气体吸入并于后半程将气体排除，完成吸气—排气过程，通过改变行程的往复运动频率或每次往复运动的行程长度，达到调节抽真空的目的。

（2）叶片式真空泵　叶片式真空泵的结构如图 4-3 所示，其主要由泵体、转轴、偏心转子和叶片组成。叶片式真空泵内的转子在电机的带动下旋转，转子上嵌入的叶片在离心力的作用下紧贴在泵体内壁上，转子与叶片在旋转的过程中，左侧腔体空间逐渐增大，右侧腔体空间逐渐减小，如图 4-4 所示。空气由吸气侧吸入，从排气侧排出，达到抽真空的效果。

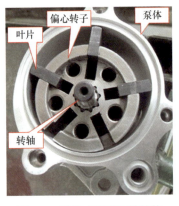

图 4-3 叶片式真空泵的结构

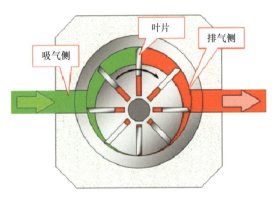

图 4-4 叶片式真空泵的工作原理图

（3）摇摆式活塞真空泵　摇摆式活塞真空泵主要由电机、曲轴箱、连杆机构、活塞和气缸等组成。其工作原理图如图 4-5 所示。工作时曲柄旋转，通过连杆带动活塞上下运动，从真空罐吸入口吸入空气，在排气行程中将吸入的气体通过排气口排出，如此往复循环运动，不断抽吸空气，以达到产生真空的效果。

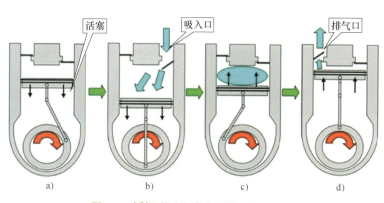

图 4-5　摇摆式活塞真空泵的工作原理图
a）吸入开始　b）吸入工序　c）排气开始　d）排气工序

2. 电动真空助力系统的基本工作过程

吉利 EV450 电动真空助力系统主要由电动真空泵、真空压力传感器和真空助力器等组成。如图 4-6 所示，电动真空泵安装在前机舱内。

图 4-7 所示为吉利 EV450 电动真空泵工作原理图，电动真空泵的供电电压（12V）由辅助蓄电池经过 10A 的熔丝 EF02 到 ESC 控制单元端口 3，通过真空泵继电器 ER03 控制电动真空泵工作；电动真空泵的正极与真空泵继电器 ER03 和 20A 熔丝 EF05 与供电电路相同，电动真空泵的负极搭铁。真空泵是否工作受 ESC 控制模块控制，其控制依据是根据真空压力传感器送入的信号电压大小来决定。当满足真空泵启动条件后，ESC 控制模块控制真空泵继电器 ER03 工作，给电动真空泵供电，真空泵开始工作。

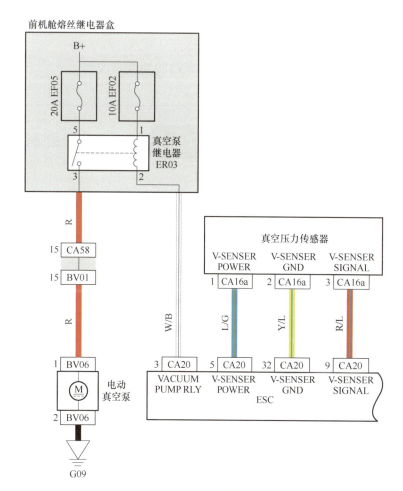

图 4-6　吉利 EV450 电动真空泵

图 4-7　吉利 EV450 电动真空泵工作原理图

电动真空泵根据真空压力传感器反馈给ESC控制模块真空度信号,控制真空泵的启动和停止时间。当真空度低于50kPa时,ESC控制模块使真空泵启动;当真空度高于75kPa时,真空泵停止工作;当真空度低于34kPa时,系统报警。

电动真空泵故障诊断与排除	学习任务单	班级:
		姓名:

1. 吉利EV450车型液压制动系统主要由哪些部件组成?

部件名称	安装位置	作用

2. 电动真空泵根据结构的不同可分为_____、_____和摇摆式活塞真空泵等。

3. 吉利EV450电动真空助力系统主要由_____、_____和真空助力器等组成。

 **电动真空泵故障诊断与排除**

实训器材:
吉利EV450、故障诊断仪、常用工具和维修手册等。

作业准备:
检查举升机,车辆在工位停放周正,铺好车内和车外护套。

一、确认故障现象

起动车辆,踩制动踏板,观察制动踏板下降程度,听是否有电动泵工作声音,是否有真空泵排气声。

二、执行高压断电作业

关闭起动开关,断开辅助蓄电池负极,并可靠放置,等待5min以上,断开直流母线,

扫一扫

电动真空泵故障诊断与排除

使用万用表验电,确保母线电压低于50V。

三、利用故障诊断仪诊断故障

连接故障诊断仪,按下一键起动开关,打开故障诊断仪进入ESC,读取故障码和数据流。车辆下电后,清除故障码;车辆再次上电后,使用故障诊断仪再次读取故障码,并和之前的故障码进行对比,分析故障码的性质。

四、故障检测

序号	操作示意图	操作方法	标准
1		使用万用表测量辅助蓄电池电压,万用表红黑表笔分别接蓄电池正负接线柱	11~14V
2		检测电动真空泵供电电路:打开起动开关,使用万用表检测电动真空泵供电熔丝 EF02(10A)、EF05(20A)技术状况	测量标准见表4-1
3		检测电动真空泵插接器 BV06 的供电情况:使用万用表检测电动真空泵插接器 BV06 端子 1 和 2 之间的电压	正常值:踩下制动踏板为 11~14V,不采制动踏板为 0V

（续）

序号	操作示意图	操作方法	标准
4		检测电动真空泵继电器 ER03 技术状况：拔下电动真空泵继电器 ER03，使用万用表测量 ER03 继电器相关电路	测量标准见表 4-2
5		检测电动真空泵继电器 ER03 技术状况	
6		检测电动真空泵电机技术状况：使用万用表检测电动真空泵电机线圈电阻	<1Ω
7		更换电动真空泵：松开电动真空泵真空管路接口卡子，断开电动真空泵真空管，拆卸电动真空泵固定螺栓，取下电动真空泵	应先按下管路锁扣，再拔下管路
8		安装新的电动真空泵：安装电动真空泵两个固定螺栓，使用扭力扳手拧紧，装复真空管 装复电动真空泵线束插接器 BV06	电动真空泵固定螺栓拧紧力矩为 9N·m

表 4-1 电动真空泵供电熔丝检测记录表

序号	检查项目	检测点	检测条件	检测类型	标准值
1	EF02	上游	ON 位	电压	11~14V
2	EF02	下游	ON 位	电压	11~14V
3	EF05	上游	ON 位	电压	11~14V
4	EF05	下游	ON 位	电压	11~14V
5	EF02	熔丝两端	拔出熔丝	电阻	<1Ω
6	EF05	熔丝两端	拔出熔丝	电阻	<1Ω

表 4-2 ER03 继电器及相关电路检查结果

序号	检查项目	检测点	检测条件	检测类型	标准值
1	ER03	ER03-30 端	ON 位	电压	11~14V
2	ER03	ER03 85—86	OFF 位	电阻	80Ω 左右
3	ER03 电路	ER03-86 至 CA20-3 间电路	OFF 位	电阻	<1Ω
4	ER03 电路	ER03-87 至 BV06-1 间电路	OFF 位	电阻	<1Ω
5	电路	BV06-1 至车身地之间	OFF 位	电阻	<1Ω

五、竣工检验

1）按照相反顺序安装已拆卸的部件。

2）起动车辆，验证电动真空泵的工作情况。

3）整理、恢复作业场地。

电动真空泵故障诊断与排除	工作任务单	班级：
		姓名：

1. 车辆信息记录

品牌		整车型号		生产年月	
驱动电机型号		动力蓄电池电量		行驶里程	
车辆识别代号					

2. 作业场地准备

检查设置隔离栏	□是 □否
检查设置安全警示牌	□是 □否
检查灭火器压力、有效期	□是 □否
安装车辆挡块	□是 □否

3. 记录故障现象

（续）

4. 使用故障诊断仪读取故障码、数据流	
故障码	
数据流	
5. 拆画电动真空泵控制电路简图	

6. 故障检测				
检测对象	检测条件	检测值	标准值	结果判断

7. 故障确认		
故障点	故障类型	维修措施

8. 竣工检验	
车辆是否正常上电	□是 □否
电动真空泵是否正常工作	□是 □否

9. 作业场地恢复	
拆卸车内三件套	□是 □否
拆卸翼子板布	□是 □否
将高压警示牌等放至原位置	□是 □否
清洁、整理场地	□是 □否

（续）

【课证融通考评单】 电动真空泵故障诊断与排除			实习日期：		
姓名：	班级：		学号：	教师签名：	
自评：□熟练 □不熟练	互评：□熟练 □不熟练		师评：□合格 □不合格		
日期：	日期：		日期：		

电动真空泵故障诊断与排除【评分细则】

序号	评分项	得分条件	分值	自评	互评	师评
1	安全/7S/态度	1）能进行工位7S操作	3			
		2）能进行设备和工具安全检查	3			
		3）能进行车辆安全防护操作	3			
		4）能进行工具清洁、校准和存放操作	3			
		5）能进行三不落地操作	3			
2	专业技能能力	1）能正确确认故障现象	6			
		2）能正确测量辅助蓄电池电压	4			
		3）能检测电动真空泵供电熔丝EF02、EF05技术状况	9			
		4）能正确检测电动真空泵插接器BV06的供电情况	6			
		5）能正确检测电动真空泵继电器ER03的技术状况	9			
		6）能检测电动真空泵电机的技术状况	6			
		7）能规范更换电动真空泵	6			
		8）能规范验证电动真空泵的功能	6			
3	工具及设备的使用能力	1）能正确使用故障诊断仪	3			
		2）能正确使用万用表	3			
		3）能正确使用扭力扳手	2			
		4）能正确使用拆装工具	2			
4	资料、信息查询能力	1）能正确查询线束插接器端子的含义	3			
		2）能正确使用维修手册查询资料	3			
		3）能正确记录所需维修信息	2			
5	数据判断和分析能力	1）能判断辅助蓄电池电压是否正常	2			
		2）能判断电动真空泵供电是否正常	2			
		3）能判断电动真空泵搭铁是否正常	2			
		4）能判断电动真空泵电机是否正常	4			
6	表单填写报告的撰写能力	1）字迹清晰	1			
		2）语句通顺	1			
		3）无错别字	1			
		4）无涂改	1			
		5）无抄袭	1			
总分：						

任务二　ESC 数据采集与分析

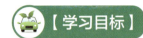

【学习目标】

知识目标：

1）了解 ESC 的结构。
2）熟悉 ESC 的工作原理。
3）掌握 ESC 数据的含义。

技能目标：

1）具有向客户讲解 ESC 工作原理的能力。
2）具有规范进行 ESC 数据采集的能力。
3）具有对采集的 ESC 数据进行分析的能力。

素养目标：

1）在操作过程中树立高压安全意识。
2）通过制订故障检修流程，具备分析问题和解决问题的能力。
3）能在工作结束后按照 7S 管理规定整理、恢复作业场地，养成良好的工作习惯。

【任务描述】

一辆 2018 款吉利 EV450，在踩下制动踏板的同时按下一键起动开关后，发现仪表中制动系统故障警告灯点亮，经维修技师初步诊断，确定 ESC 故障。请根据该故障现象采集 ESC 相关数据信息，并进行分析。

【获取信息】

一、ESC 概述

吉利 EV450 标配了 ESC 电子稳定控制单元，实际上就是车身稳定控制系统（Electronic Stability Control，ESC），采用了博世 ESP9.0+RBS 系统，也就是电子稳定程序 + 智能能量回收系统。具有基本的 EBD、ABS、TCS、VDC 等安全功能，还具有 ESC 增值功能，比如 HHC、HBA、CDP 等。RBS 制动能量回收模块集成在 ESC 电子控制单元中。

ESC 都是由传感器、电子控制单元（ECU）和执行器 3 大部分组成的，通过 ECU 监控汽车运行状态，对驱动电机及制动系统进行干预控制。典型的汽车 ESC 在传感器上主要包括 4 个轮速传感器、转向盘转角传感器、侧向加速度传感器、横摆角速度传感器、横向加速度传感器、制动主缸压力传感器等，执行部分包括传统制动系统（真空助力器、管路和制动器）、液压调节器等，ECU 与驱动电机联动，可对发动机动力输出进行干预和调整。

二、ESC 的功能

（1）EBD 功能　电子制动力分配，能够识别后轮先于前轮抱死的趋势，及时调整后轮制动力，保证后轮不先于前轮抱死，保证车辆稳定性。

（2）ABS 功能　防抱死制动功能，能够在早期识别出某一个或几个车轮抱死的趋势，并降低这一个或几个车轮的制动压力，保证即使是在紧急制动车辆时，驾驶人能够躲避障碍物并降低车速或是停车。

（3）TCS 功能　牵引力控制系统，能够识别车辆起步或者加速过程中的驱动轮打滑趋势，通过干预动力管理控制或者施加车轮制动，控制车轮滑转率，保证车辆的驱动稳定性和舒适性。

（4）VDC 功能　车辆动态稳定性控制，能够识别整车实际状态与驾驶意图的差别，通过调整车轮制动压力或干预动力管理控制（或干预驱动电机管理控制），防止车辆失控，提高车辆稳定性。

（5）HHC 功能　坡道起步辅助，能够在坡起时，松开制动踏板，车辆保持原位，简化坡起操作。

（6）HBA 功能　紧急制动辅助，防止紧急情况下驾驶人踩下制动踏板的力度不足，能够在需要紧急制动时为驾驶人提供最大的制动辅助，减少制动距离。

（7）HBB 功能　液压助力辅助，能够在真空度不足时，由 ESC 提供液压制动。

（8）CDP 功能　操作驻车开关作为紧急制动时，ESC 对四轮进行液压制动，减少制动距离。

（9）VAM 功能　真空管理系统，对电动真空泵工作进行控制管理。

（10）RBS 功能　制动能量回收系统，在满足整车稳定的前提下，踩制动踏板制动时，进行驱动电机制动力矩输出控制，进而回收制动能量。系统默认为自动开启状态，当驾驶人需要减速踩制动踏板时，RBS 会控制驱动电机进行制动能量回收，驱动电机制动力矩与液压制动力矩直接叠加，在减速度 0.2g 时可达到 65% 的驱动电机制动比率，整车制动能量回收率约为 9%。系统监测到 RBS 失效时，仪表上黄色 ESC 故障灯会点亮。

三、ESC 的组成及工作原理

1. ESC 的组成

ESC 可分为 4 个部分：用于检测汽车状态和驾驶人操作的传感器部分，用于估算汽车侧滑状态和计算恢复到安全状态所需的旋转动量和减速的 ECU 部分，用于根据计算结果来控制每个车轮制动力和驱动电机输出功率的执行器部分，用于告知驾驶人汽车失稳的信息部分。ESC 的主要传感器及其功能如下：转向传感器，监测转向盘旋转角度，帮助确定汽车行驶方向是否正确；轮速传感器，监测每个车轮速度，确定车轮是否打滑。

2. ESC 的关键部件

（1）轮速传感器　轮速传感器的功用是检测车轮的旋转速度，并将速度信号输入

ECU。目前，常用的轮速传感器主要有电磁式和霍尔式两种。

1）电磁式轮速传感器。电磁式轮速传感器在驱动轮和非驱动轮上的安装位置如图4-8所示。

图4-8 电磁式轮速传感器在驱动轮和非驱动轮上的安装位置
a）前轮 b）后轮

电磁式轮速传感器主要由传感头和齿圈两部分组成，如图4-9所示，齿圈随车轮或传动轴一起转动，通常用磁阻很小的铁磁材料制成。传感头通常由永久磁铁、电磁线圈和磁极等组成。

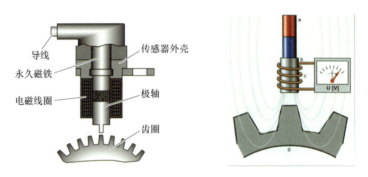

图4-9 电磁式轮速传感器的结构

2）霍尔式轮速传感器。霍尔式轮速传感器也是由传感头和齿圈组成的。其齿圈的结构及安装方式与电磁式轮速传感器的齿圈相同，传感头由永久磁铁、霍尔元件和电子电路等组成。

霍尔式轮速传感器的工作原理图如图4-10所示，永久磁铁的磁力线穿过霍尔元件通向齿圈，齿圈相当于一个集磁器。当齿圈位于图4-10a所示位置时，穿过霍尔元件的磁力线分散，磁场相对较弱；而当齿圈位于图4-10b所示位置时，穿过霍尔元件的磁力线集中，磁场相对较强。齿圈转动时，使得穿过霍尔元件的磁力线密度发生变化，因而引起霍尔元件电压的变化，霍尔元件将输出毫伏级的准正弦波电压。此信号由电子电路转化成标准的脉冲电压。

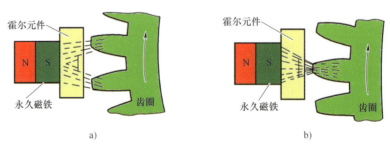

图4-10 霍尔式轮速传感器的工作原理图
a）霍尔元件磁场较弱 b）霍尔元件磁场较强

（2）转向盘转角传感器　如图 4-11 所示，转向盘转角传感器在转向柱锁开关和转向盘之间的转向管柱上，安全气囊的带集电环的回位环集成在该传感器内。其作用是将转向盘的转角信息传递给 ESC ECU。角度变化范围为 ±720°。

（3）ESC 液压装置及 ESC 工作过程

1）ESC 液压装置。ESC 独立于制动回路，需要 12 个电磁阀，如图 4-12 所示。常见的制动系统采用 X 型，从主缸出来有两个制动回路，每条制动回路有高压阀（常闭型二位二通电磁阀）和转换阀（常开型二位二通电磁阀）；

图 4-11　转向盘转角传感器的结构

每个制动回路有一回油泵，回油泵受电机驱动；每个制动回路有一个储液罐与主缸相通；每个轮缸有一常开型二位二通进液电磁阀和常闭型二位二通出液电磁阀。

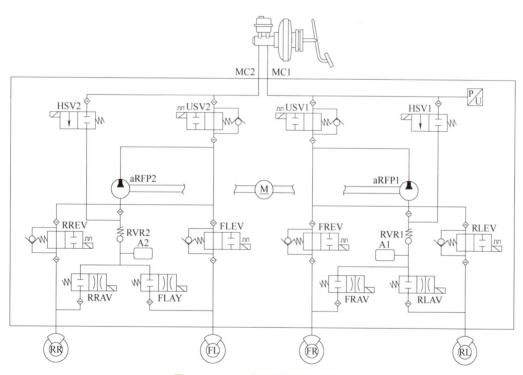

图 4-12　ESC 液压装置液压电路图

2）ESC 工作过程。如图 4-13 所示，制动管路部件包括控制阀 a、高压阀 b、进液阀 c、出液阀 d、制动分泵 e、回油泵 f、行驶动态调节液压泵 g 和制动助力器 h。

① 建压：如图 4-14 所示，当 ESC 开始工作时，高压阀通电打开，控制阀通电关闭，行驶动态调节液压泵就将制动液从储液罐输送到制动管路，制动分泵和回油泵产生制动压力。回油泵供液，提高制动压力。

② 保压：如图 4-15 所示，高压阀断电关闭，控制阀保持关闭，进液阀通电关闭，出液阀保持关闭。制动分泵内的压力不会卸掉，回油泵停止工作。

③ 减压：如图 4-16 所示，高压阀保持关闭，控制阀断电打开。进液阀保持关闭，出液阀通电打开。制动液通过回油泵流回储液罐。

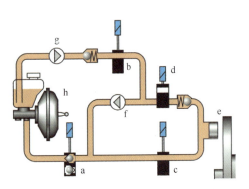
图 4-13 ESC 制动管路部件的组成示意图

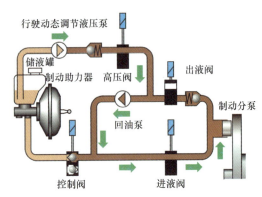
图 4-14 建压工作过程示意图

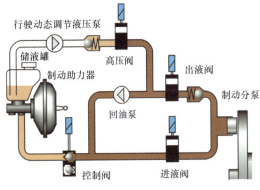
图 4-15 保压工作过程示意图

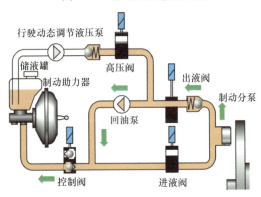
图 4-16 减压工作过程示意图

ESC 数据采集与分析	学习任务单	班级：
		姓名：

1. ESC 别名。

缩写	主要应用品牌	缩写	主要应用品牌
ESP		VSM	
DSC		PSM	
VSC		VDIM	
VSA		ESC	

2. ESC 主要包括哪些功能？

3. 轮速传感器常见的形式有_____ 和 _____ 两种。

4. ESC 常见的控制方式有_____、_____ 和 _____ 3 种。

5. ESC 主要包括哪些部件？

6. 简述 ESC 的工作过程。

142

项目四　制动系统的故障检修

【任务实施】 ESC 数据采集与分析

实训器材：

吉利 EV450、故障诊断仪、常用工具和维修手册等。

作业准备：

检查举升机，车辆在工位停放周正，铺好车内和车外护套。

【操作步骤】

扫一扫

ESC 数据采集与分析

一、执行高压断电作业

关闭起动开关，断开辅助蓄电池负极，并可靠放置，等待 5min 以上，断开直流母线，使用万用表验电，确保母线电压低于 50V。

二、利用故障诊断仪读取故障码、数据流

1）测量辅助蓄电池电压，正常情况下应为 11~14V。

2）连接故障诊断仪，按下一键起动开关。

3）打开故障诊断仪，进入 ESC 模块，读取故障码。

4）清除故障码；再次操作后，使用故障诊断仪再次读取故障码。

5）读取数据流［可以举升车辆，加速车辆（需上电），踩踏制动踏板，采集数据流］。

三、数据采集及波形测量（以左前轮为例）

序号	操作示意图	操作方法	标准
1		举升车辆，使用拆胎工具拆下车轮	拆下轮胎装饰帽，拧松车轮固定螺母，车辆可靠举升，拆下车轮
2		拆下左前轮罩	依次拆下左前轮罩固定卡扣，拆下轮罩

143

(续)

序号	操作示意图	操作方法	标准
3		断开左前轮轮速传感器插接器 CA23	先按下插接器锁扣，再拔下 CA23
4		使用万用表红表笔连接插接器 CA23-2 端子，黑表笔连接车身搭铁，测量左前轮轮速传感器供电电压	正常电压应为 11~14V
5		使用万用表红表笔连接插接器 CA23-1 端子，黑表笔连接车身搭铁，测量左前轮轮速传感器供电电压	正常电压应为 0V
6		连接示波器，A、B 通道分别连接 CA23-2、1 端子，转动车轮，测量左前轮轮速传感器工作波形	CA23-2 端子波形为蓄电池电压直波，CA23-1 端子为 0~0.5V 矩形波，并随着车速增大，波形周期变短

四、竣工检验

1）按照相反顺序安装左前轮罩和左前轮。

2）起动车辆，验证上电是否正常。

3）整理、恢复作业场地。

ESC 数据采集与分析	工作任务单	班级：	
		姓名：	

1. 车辆信息记录

品牌		整车型号		生产年月	
电机型号		动力蓄电池电量		行驶里程	
车辆识别代号					

2. 作业场地准备

检查设置隔离栏	□是 □否
检查设置安全警示牌	□是 □否
检查灭火器压力、有效期	□是 □否
安装车辆挡块	□是 □否

3. 记录故障现象

4. 读取数据流

序号	数据项	数据值	含义	数据值（故障）	结果判断
1	ECU 供电电压				
2	加注状态				
3	下线检测状态				
4	制动灯开关				
5	主缸压力				
6	转向角				
7	横摆角速度				
8	横向加速度				
9	纵向加速度				
10	左前轮速				
11	右前轮速				
12	左后轮速				
13	右后轮速				
14	阀继电器状态				
15	泵电动机状态				
16	左前进气阀状态				
17	左前排气阀状态				

（续）

序号	数据项	数据值	含义	数据值（故障）	结果判断
18	右前进气阀状态				
19	右前排气阀状态				
20	左后进气阀状态				
21	左后排气阀状态				
22	右后进气阀状态				
23	右后排气阀状态				
24	回路控制阀 1 状态				
25	回路控制阀 2 状态				
26	高压开关阀 1 状态				
27	高压开关阀 2 状态				
28	真空度				

5. 数据测量

测试对象	测试条件	测试值	结果判断
左前轮轮速传感器电压			
右前轮轮速传感器电压			
左后轮轮速传感器电压			
右后轮轮速传感器电压			

6. 波形测量（记录左前轮轮速传感器工作波形）

7. 竣工检验

车辆是否正常上电	□是 □否
ESC 是否正常工作	□是 □否

8. 作业场地恢复

拆卸车内三件套	□是 □否
拆卸翼子板布	□是 □否
将高压警示牌等放至原位置	□是 □否
清洁、整理场地	□是 □否

【课证融通考评单】ESC 数据采集与分析		实习日期：	
姓名：	班级：	学号：	教师签名：
自评：□熟练 □不熟练	互评：□熟练 □不熟练	师评：□合格 □不合格	
日期：	日期：	日期：	

ESC 数据采集与分析【评分细则】

序号	评分项	得分条件	分值	自评	互评	师评
1	安全/7S/态度	1）能进行工位 7S 操作	3			
		2）能进行设备和工具安全检查	3			
		3）能进行车辆安全防护操作	3			
		4）能进行工具清洁、校准和存放操作	3			
		5）能进行三不落地操作	3			
2	专业技能能力	1）能正确测量辅助蓄电池电压	6			
		2）能正确执行高压下电作业	4			
		3）能正确读取故障码	4			
		4）能正确读取数据流	6			
		5）能正确测量左前轮轮速传感器工作波形	8			
		6）能正确测量右前轮轮速传感器工作波形	8			
		7）能正确测量左后轮轮速传感器工作波形	8			
		8）能正确测量右后轮轮速传感器工作波形	8			
3	工具及设备的使用能力	1）能正确使用故障诊断仪	3			
		2）能正确使用万用表	3			
		3）能正确使用拆装工具	2			
		4）能正确使用示波器	2			
4	资料、信息查询能力	1）能正确查询线束插接器端子的含义	3			
		2）能正确使用维修手册查询资料	3			
		3）能正确记录所需维修信息	2			
5	数据判断和分析能力	1）能判断辅助蓄电池电压是否正常	2			
		2）能判断轮速传感器的电阻是否正常	2			
		3）能判断轮速传感器的波形是否正常	2			
		4）能判断转向盘转角传感器是否正常	4			
6	表单填写报告的撰写能力	1）字迹清晰	1			
		2）语句通顺	1			
		3）无错别字	1			
		4）无涂改	1			
		5）无抄袭	1			

总分：

任务三　ESC 故障诊断与排除

【学习目标】

知识目标：

1）了解 ESC 电路特点。

2）熟悉 ESC 开关、电路插接器各端子的含义。

3）掌握 ESC 常见故障诊断流程。

技能目标：

1）具有正确使用诊断设备的能力。

2）具有规范拆卸 ESC 部件的能力。

3）具有依据维修手册，对 ESC 进行故障诊断与排除的能力。

素养目标：

1）在操作过程中树立高压安全意识。

2）通过制订故障检修流程，具备分析问题和解决问题的能力。

3）能在工作结束后按照 7S 管理规定整理、恢复作业场地，养成良好的工作习惯。

【任务描述】

一辆吉利 EV450，在踩下制动踏板的同时按下一键起动开关后，驾驶人仪表盘 ESC 警告灯常亮，经维修技师初步诊断，确定为 ESC 不工作。请根据该故障现象制订一份 ESC 不工作的故障检修方案，完成故障诊断与排除。

【获取信息】

一、ESC 电路图

吉利 EV450 车型 ESC 电路图如图 4-17 所示，ESC 控制单元由熔丝 SF02（30A）、SF03（40A）提供常电，由 EF18（7.5A）提供 IG1 电，通过 G11、G12 搭铁点形成回路。安装在仪表中部的 ESC 开关可将驾驶人开关 ESC 的意图通过信号传递至 ESC 控制单元，系统可以选择关闭或打开 ESC 功能。ESC 控制单元还接收制动灯开关信号，并将轮速和车速信号传递至 BCM、组合仪表和 GPS 主机。

如图 4-18 所示，左前、右前、左后、右后轮速传感器采集的轮速信息通过 CA20 线束插接器传递至 ESC 控制单元。

如图 4-19 所示，安装在转向管柱中的转向盘转角传感器通过室内熔丝 IF28（10A）供电，通过 G28 搭铁点与车身形成回路，采集的转向盘转角信息通过 V-CAN 传递至 ESC 控制单元。

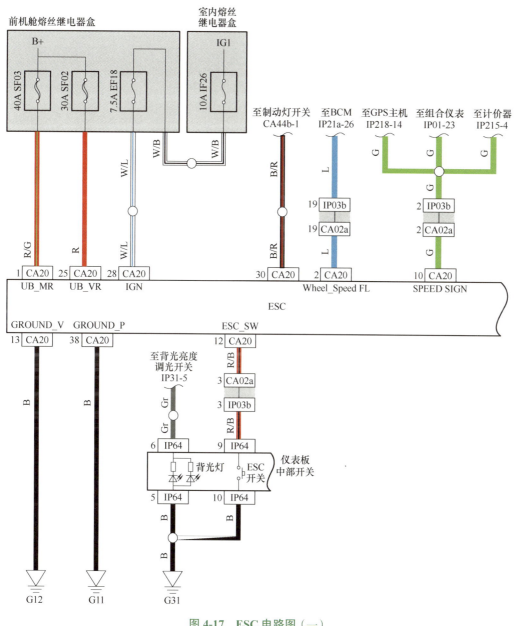

图 4-17　ESC 电路图（一）

二、ESC 典型故障

1. ESC 电气原理

吉利 EV450 车型 ESC 采集 ESC 开关、左前轮轮速传感器、右前轮轮速传感器、左后轮轮速传感器、右后轮轮速传感器、制动真空度传感器、转向盘转角传感器、制动开关等信号，控制 ABS 泵左前轮进油电磁阀、左前轮排油电磁阀、右前轮进油电磁阀、右前轮排油电磁阀、左后轮进油电磁阀、左后轮排油电磁阀、右后轮进油电磁阀、右后轮排油电磁阀、电动真空泵、回路导向阀和高压开关阀等执行器工作，提供车辆最佳的制动力，保持车辆行驶稳定。

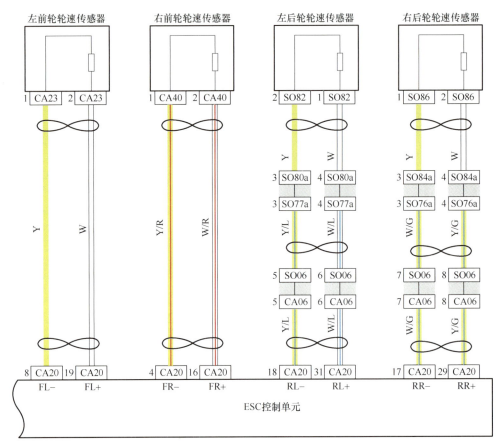

图 4-18　ESC 电路图（二）

2. ESC 控制模块系统端子列表

ESC 控制模块插接器 CA20 端子如图 4-20 所示。端子定义见表 4-3。

表 4-3　ESC 控制模块插接器 CA20 端子定义

端子号	端子定义	线色	端子号	端子定义	线色
1	供电线	红/绿	16	右前轮轮速传感器电源线	白/红
2	右前轮轮速输出	黑/红	17	右后轮轮速传感器电源线	白/绿
3	EVP 控制线	白/黑	18	左后轮轮速传感器信号线	黄/蓝
4	右前轮轮速传感器信号线	黄/红	19	左前轮轮速传感器电源线	白
5	真空压力传感器电源线	蓝/绿	25	供电线	红
8	左前轮轮速传感器信号	黄	26	VCAN-H	棕
9	真空压力传感器输入	红/蓝	28	ESC 唤醒信号	白/蓝
10	车速信号输出	绿	29	右后轮轮速传感器信号线	黄/绿
12	ESC OFF 开关	红/黑	31	左后轮轮速传感器电源线	白/蓝
13	泵电机接地线	黑	32	真空压力传感器接地	黄/蓝
14	VCAN-L	蓝/白	38	接地	黑

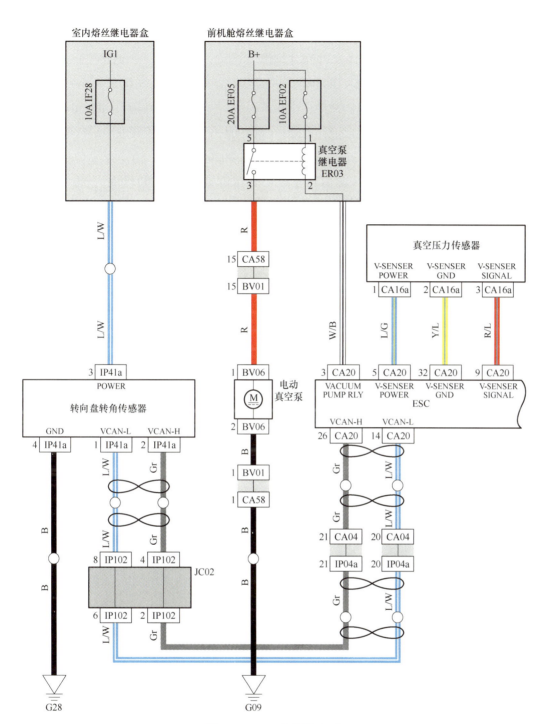

图 4-19 ESC 电路图（三）

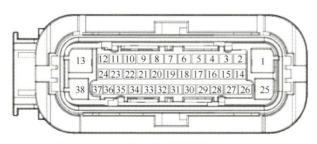

图 4-20 ESC 控制模块插接器 CA20 端子

3. ESC DTC

ESC 常见 DTC 有：C000104——回路控制阀 1 故障；C000204——回路控制阀 2 故障；C000294——高压控制阀 1 故障；C000404——高压控制阀 2 故障；C001004——左前进液阀故障；C001104——左前出液阀故障；C001404——右前进液阀故障；C001504——右前出液阀故障；C001804——左后出液阀故障；C001904——左后出液阀故障；C001C04——右后出液阀故障；C001D04——右后出液阀故障；C002004——排气泵故障；C001904——左后出液阀故障；C003108——左前轮轮速传感器信号故障；C003200——左前轮轮速传感器开路；C003408——右前轮轮速传感器信号故障；C003500——右前轮轮速传感器开路；C004008——制动灯开关故障；C004460——压力传感器信号故障；C006B06——ABS/ESC 控制异常；C046008——转角传感器故障；C106600——转角传感器标定错误；P004020——电动真空泵故障；U0122604——与转角传感器失去通信等。

4. 常见故障及可能故障原因

在 DTC 检查时显示正常代码，可是故障依然存在，可按照表 4-4 给出的检查顺序检查系统是否存在各种故障症状，然后进入相关的维修方案以排除故障。

表 4-4 ESC 常见的故障现象及可能的故障原因

故障现象	可能的故障原因
ESC 不工作	1）检查 DTC，确认没有历史故障码和当前故障码
	2）IG1 电源电路
	3）前转速传感器电路
	4）后转速传感器电路
	5）利用故障诊断仪主动测试功能检查液压 ECU，如果异常，检查液压管路是否泄漏
	6）如果怀疑部位上的上述电路经过检查并确认正常后，症状仍然存在，应更换液压 ECU
ESC 无法有效运行	1）检查 DTC，确认没有历史故障码和当前故障码
	2）前转速传感器电路
	3）后转速传感器电路
	4）制动灯开关电路
	5）利用故障诊断仪主动测试功能检查液压 ECU，如果异常，检查液压管路是否泄漏
	6）如果怀疑部位上的上述电路经过检查并确认正常后，症状仍然存在，应更换液压 ECU
ABS 警告灯故障（保持常亮）	1）液压 ECU
	2）仪表失去与 ESC 的 CAN 网络通信，点亮 ESC、ABS、EBD 故障灯
ABS 警告灯故障（不亮）	1）组合仪表
	2）液压 ECU
制动警告灯故障（保持常亮）	1）制动警告灯电路
	2）检测电动真空泵控制电路

三、ESC 常见故障诊断与排除流程

1. 轮速传感器故障

轮速传感器故障诊断步骤见表 4-5。

表 4-5 轮速传感器故障诊断步骤

诊断步骤名称	诊断方法
1. 检查左前轮轮速传感器线束插接器是否正确连接	检查左前轮轮速传感器线束插接器是否正确连接 诊断思路：是，转至步骤 2；否，正确连接线束插接器
2. 检查左前轮轮速传感器的安装	检查左前轮轮速传感器安装是否正确 诊断思路：是，转入步骤 3；否，正确安装左前轮速传感器
3. 检查左前轮轮速传感器和液压 ECU 之间的线束	1）关闭起动开关 2）断开辅助蓄电池负极，并可靠放置 3）断开左前轮轮速传感器线束插接器 CA23 4）连接辅助蓄电池负极 5）打开起动开关 6）测量左前轮轮速传感器线束插接器 CA23 端子 1、2 分别对液压 ECU CA20 端子 8、19 之间的电阻值，电阻标准值应小于 1Ω 诊断思路：是，转至步骤 4；否，检修电路故障，必要时更换线束
4. 更换左前轮轮速传感器	1）更换左前轮轮速传感器 2）更换后故障是否排除 诊断思路：是，系统正常；否，转至步骤 5
5. 更换 ESC	1）更换 ESC 2）连接辅助蓄电池正极 3）关闭起动开关，确认 ABS 警告灯是否点亮后熄灭 诊断思路：系统正常，维修完成

2. 电源故障及液压 ECU 内部故障

电源故障及液压 ECU 内部故障诊断步骤见表 4-6。

表 4-6 电源故障及液压 ECU 内部故障诊断步骤

诊断步骤名称	诊断方法
1. 检查辅助蓄电池电压	1）测量辅助蓄电池电压，电压标准值应为 11~14V 2）确认电压是否符合标准值 诊断思路：是，转至步骤 2；否，对辅助蓄电池进行充电或检查充电系统
2. 检查 ESC 控制单元线束插接器	检查线束插接器是否连接正确 诊断思路：是，转入步骤 3；否，正确连接线束插接器
3. 检查 ESC 控制单元熔丝和继电器	1）检查熔丝 SF02、SF03 是否熔断 2）检查继电器 ER03、IR02 是否损坏 诊断思路：是，转至步骤 4；否，转至步骤 5
4. 检修熔丝和继电器电路	1）检查熔丝 SF02、SF03 是否有短路的故障 2）进行电路修理，确认没有电路断路的现象 3）更换额定的熔丝 4）检查继电器 ER03、IR02 电路是否有短路的故障 5）进行电路维修，确认没有短路的现象 6）使用相同型号的继电器替换检查 诊断思路：是，系统正常；否，转至步骤 5

(续)

诊断步骤名称	诊断方法
5. 检查 ESC 线束插接器电源和接地电路	1）关闭起动开关 2）断开辅助蓄电池负极，并可靠放置 3）断开 ESC 线束插接器 CA20 4）连接辅助蓄电池负极 5）打开起动开关 6）测量 ESC 线束插接器 CA20 端子 1、3、25、28 对车身接地的电压值，电压标准值应为 11~14V 7）关闭起动开关 8）测量 ESC 线束插接器 CA20 端子 13、38 与车身接地之间的电阻值，电阻标准值应小于 1Ω 诊断思路：是，转至步骤 6；否，修理或更换线束
6. 更换 ESC	1）更换 ESC 2）连接辅助蓄电池正极 3）关闭起动开关，确认 ABS 警告灯是否点亮后熄灭 诊断思路：系统正常，维修完成

3. 数据通信故障

数据通信故障诊断步骤见表 4-7。

表 4-7 数据通信故障诊断步骤

诊断步骤名称	诊断方法
1. 检查辅助蓄电池电压	1）测量辅助蓄电池电压，电压标准值应为 11~14V 2）确认电压是否符合标准值 诊断思路：是，转至步骤 2；否，对辅助蓄电池进行充电或检查充电系统
2. 检查 ESC 控制单元熔丝和继电器	1）检查熔丝 SF02、SF03 是否熔断 2）检查继电器 ER03、IR02 是否损坏 诊断思路：是，转至步骤 3；否，转至步骤 4
3. 检修熔丝和继电器电路	1）检查熔丝 SF02、SF03 是否有短路的故障 2）进行电路修理，确认没有电路断路的现象 3）更换额定的熔丝 4）检查继电器 ER03、IR02 电路是否有短路的故障 5）进行电路维修，确认没有短路的现象 6）使用相同型号的继电器替换检查 诊断思路：是，系统正常；否，转至步骤 4
4. 检查 ESC 控制单元与 CAN 线束插接器的数据通信线	1）关闭起动开关 2）断开辅助蓄电池负极，并可靠放置 3）断开 ESC 线束插接器 CA20 4）断开前机舱线束插接器 CA04 5）测量 ESC 控制单元线束插接器 CA20 端子 14 与仪表线束插接器 CA04 端子 20 之间的电阻 6）测量 ESC 控制单元线束插接器 CA20 端子 26 与仪表线束插接器 CA04 端子 21 之间的电阻，电阻标准值应小于 1Ω 7）确认电阻是否符合标准 诊断思路：是，转至步骤 5；否，修理或更换线束

(续)

诊断步骤名称	诊断方法
5. 检查 ESC 线束插接器电源和接地电路	1）关闭起动开关 2）断开辅助蓄电池负极，并可靠放置 3）断开 ESC 线束插接器 CA20 4）连接辅助蓄电池负极 5）打开起动开关 6）测量 ESC 线束插接器 CA20 端子 1、3、25、28 对车身接地的电压值，电压标准值应为 11~14V 7）关闭起动开关 8）测量 ESC 线束插接器 CA20 端子 13、38 与车身接地之间的电阻值，电阻标准值应小于 1Ω 诊断思路：是，转至步骤 6；否，修理或更换线束
6. 更换 ESC	1）更换 ESC 2）连接辅助蓄电池正极 3）关闭起动开关，确认 ABS 警告灯是否点亮后熄灭 诊断思路：系统正常，维修完成

ESC 故障诊断与排除	学习任务单	班级：
		姓名：

1. 结合 ESC 电路图，请画出转向盘转角传感器的工作电路回路。

2. ESC 不工作，可能的故障部位有哪些？

3. 结合 ESC 电气原理图，ESC 工作时，输入的信号信息有哪些？输出哪些控制信号？

4. 轮速传感器故障，如何进行故障诊断？

【任务实施】 ESC 故障诊断与排除

实训器材：

吉利 EV450、故障诊断仪、常用工具和维修手册等。

作业准备：

检查举升机，车辆在工位停放周正，铺好车内和车外护套。

扫一扫

ESC 故障诊断与排除

一、确认故障现象

起动车辆，观察仪表中 ESC 故障警告灯是否点亮，按下 ESC 关闭按钮，观察警告灯是否熄灭。

二、执行高压断电作业

关闭起动开关，断开辅助蓄电池负极，并可靠放置，等待 5min 以上，断开直流母线，使用万用表验电，确保母线电压低于 50V。

三、利用故障诊断仪读取故障码、数据流

连接故障诊断仪，按下一键起动开关，打开故障诊断仪进入 ESC 模块，读取故障码和数据流。清除故障码；再次操作后，使用故障诊断仪再次读取故障码，并和之前的故障码进行对比，分析故障码的性质。

四、故障检测

序号	操作示意图	操作方法	标准
1		使用万用表测量辅助蓄电池电压，万用表红黑表笔分别接蓄电池正负接线柱	11~14V
2		打开起动开关，拔下 SF02（30A）熔丝，使用万用表测量熔丝上游供电情况	

（续）

序号	操作示意图	操作方法	标准
3		使用万用表测试 SF02（30A）熔丝电阻	<1Ω
4		打开起动开关，拔下 SF03（40A）熔丝，使用万用表测量熔丝上游供电情况	11~14V
5		使用万用表测试 SF03（40A）熔丝电阻	<1Ω
6		使用万用表测量 EF18（7.5A）上游和下游供电情况	11~14V
7		关闭起动开关，断开辅助蓄电池负极，并可靠放置，断开 ESC 控制单元线束插接器 CA20，安装辅助蓄电池负极，检查 CA20 端子 1、25、28 对地电压	

(续)

序号	操作示意图	操作方法	标准
8		检查ESC控制单元线束插接器CA20端子13对地电阻	<1Ω
9		检查ESC控制单元线束插接器CA20端子38对地电阻	
10		排放制动液,拆卸ESC控制单元,连接ESC控制单元插接器CA20,添加制动液,执行液压制动系统排气程序进行系统排气	紧固支架固定螺栓拧紧力矩

五、竣工检验

1)按照相反顺序安装相关线束插接器。

2)起动车辆,验证制动功能。

3)整理、恢复作业场地。

ESC故障诊断与排除		工作任务单	班级:	
			姓名:	
1. 车辆信息记录				
品牌		整车型号		生产年月
驱动电机型号		动力蓄电池电量		行驶里程
车辆识别代号				
2. 作业场地准备				
检查设置隔离栏				□是 □否
检查设置安全警示牌				□是 □否
检查灭火器压力、有效期				□是 □否
安装车辆挡块				□是 □否

（续）

3. 记录故障现象

4. 使用故障诊断仪读取故障码、数据流

故障码	
数据流	

5. 拆画 ESC 电路简图

6. 故障检测

检测对象	检测条件	检测值	标准值	结果判断

7. 故障确认

故障点	故障类型	维修措施

8. 竣工检验

车辆是否正常上电	□是 □否
车辆是否正常制动	□是 □否

9. 作业场地恢复

拆卸车内三件套	□是 □否
拆卸翼子板布	□是 □否
将高压警示牌等放至原位置	□是 □否
清洁、整理场地	□是 □否

【课证融通考评单】	ESC 故障诊断与排除		实习日期：	
姓名：	班级：		学号：	教师签名：
自评：□熟练　□不熟练	互评：□熟练　□不熟练		师评：□合格　□不合格	
日期：	日期：		日期：	

ESC 故障诊断与排除【评分细则】

序号	评分项	得分条件	分值	自评	互评	师评
1	安全/7S/态度	1）能进行工位 7S 操作	3			
		2）能进行设备和工具安全检查	3			
		3）能进行车辆安全防护操作	3			
		4）能进行工具清洁、校准和存放操作	3			
		5）能进行三不落地操作	3			
2	专业技能能力	1）能正确认故障现象	6			
		2）能规范拆卸 ESC 控制单元线束插接器	4			
		3）能正确测量 ESC 控制单元供电熔丝	4			
		4）能正确检测 ESC 控制单元插接器端子电压	6			
		5）能正确检测 ESC 控制单元相关电路的电阻	6			
		6）能确认故障部位	6			
		7）能正确拆卸 ESC 控制单元	6			
		8）能规范安装 ESC 控制单元	6			
		9）能规范执行制动排气作业	6			
3	工具及设备的使用能力	1）能正确使用故障诊断仪	4			
		2）能正确使用万用表	4			
		3）能正确使用拆装工具	4			
4	资料、信息查询能力	1）能正确查询线束插接器端子的含义	3			
		2）能正确使用维修手册查询资料	3			
		3）能正确记录所需维修信息	2			
5	数据判断和分析能力	1）能判断辅助蓄电池电压是否正常	2			
		2）能判断 ESC 控制单元供电是否正常	2			
		3）能判断 ESC 控制单元搭铁是否正常	2			
		4）能判断 ESC 控制单元紧固螺栓力矩是否正常	4			
6	表单填写报告的撰写能力	1）字迹清晰	1			
		2）语句通顺	1			
		3）无错别字	1			
		4）无涂改	1			
		5）无抄袭	1			

总分：

学习情境二

驻车制动系统的故障检修

驻车制动系统的作用是使停驶的汽车能够驻留原地不动,通常由驾驶人用手操控;使汽车在坡道上能顺利起步;当行车制动效能失效后临时使用或配合行车制动器进行紧急制动。

任务一　EPB 数据采集与分析

【学习目标】

知识目标:
1)了解 EPB 的结构。
2)熟悉 EPB 的工作原理。
3)掌握 EPB 数据的含义。

技能目标:
1)具有正确操作 EPB 的能力。
2)具有向客户讲解 EPB 工作原理的能力。
3)具有依据维修手册,对 EPB 进行故障诊断与排除的能力。

素养目标:
1)在操作过程中树立高压安全意识。
2)通过制订故障检修流程,具备分析问题和解决问题的能力。
3)能在工作结束后按照 7S 管理规定整理、恢复作业场地,养成良好的工作习惯。
4)培养学生道路安全意识。

【任务描述】

一辆 2018 款吉利 EV450,在踩下制动踏板的同时按下一键起动开关后,驾驶人操作

EPB 按钮，发现 EPB 无法解锁，经维修技师初步诊断，确定 EPB 故障。请根据该故障现象采集 EPB 相关数据信息，并进行分析。

【获取信息】

一、认识驻车制动系统

驻车制动器，通常是指车辆安装的手动刹车，简称手刹，在车辆停稳后用于稳定车辆，避免车辆在斜坡路面停车时由于溜车造成事故。常见的手刹一般置于驾驶人右手下垂位置，便于使用。也有部分自动档车型在驾驶人左脚外侧设计了功能与手刹相同的脚刹，目前广泛采用的是电子驻车制动系统（Electronic Parking Brake System，EPB）。

1. EPB 的组成

EPB 是由驻车制动控制电动机直接控制后轮制动卡钳来实现驻车制动的，其主要部件包括 EPB 开关、EPB 控制单元和 EPB 控制电动机等 3 部分。吉利 EV450 车型 EPB 的组成如图 4-21 所示。

想一想：

传统驻车制动系统操纵机构应用过哪些形式？

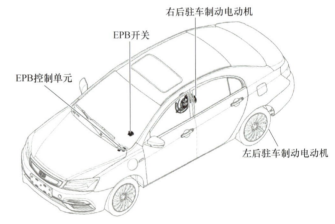

图 4-21　吉利 EV450 车型 EPB 的组成

（1）EPB 开关　如图 4-22 所示，EPB 开关（按钮）位于变速杆左侧控制面板上，向上拉动 EPB 开关时驻车制动锁止，向下按下 EPB 开关时驻车制动释放。

（2）EPB 控制单元　EPB 控制单元安装在副仪表板内变速杆安装支架内的车身底板上面，主要功能是接收 EPB 开关的信息和 CAN 数据总线上的信息，通过对这些信息的处理和分析，对 EPB 控制电机进行控制。

（3）EPB 控制电机　如图 4-23 所示，EPB 控制电机分别安装于后轮的左右制动卡钳上，并且与后轮制动卡钳集成到一起，当部件出现故障后需更换带有 EPB 控制电机的制动卡钳总成，不能对 EPB 执行器进行单独更换。控制电机在驻车制动期间工作，其内部没有相应的传感器检测制动片的夹紧力，而是通过啮合制动片时负荷的变化导致电机电流的变化来了解制动片的夹紧力，然后由 EPB 控制单元控制直流电机的工作情况。

如果出现了驻车制动不能释放故障时，需要将 EPB 控制电机的后盖板打开，然后使用一个专用的扳手旋转电机内的推杆使制动卡钳释放。完成这项操作后，需要使用专用的故障诊断仪对 EPB 制动卡钳进行复位。

图 4-22　吉利 EV450 EPB 开关

图 4-23　EPB 控制电机示意图

> **头脑风暴：**

装备有 EPB 的车型在更换制动片时有何特别需要注意的事项？

---

2. EPB 常见使用场景

（1）挂入 P 位（适用于自动档车型）　车辆静止时，从任意档位切换至 P 位，车辆将自动驻车，此时自动驻车按钮红色指示灯亮起。

（2）开启车门　当车辆处于静止状态时，打开主驾驶人侧车门，车辆将自动驻车，此时自动驻车按钮红色指示灯亮起。

（3）停车熄火　当车辆处于静止状态时，通过一键起动按钮熄火后，车辆将自动驻车，此时自动驻车按钮红色指示灯亮起。

（4）坡道溜坡　在斜坡上驻车后，EPB 会根据坡度的不同，采取不同的力度驻车。如果出现溜坡，EPB 将用最大的夹紧力再次驻车，防止溜坡。

二、EPB 的功能及工作原理

1. EPB 的功能

（1）静态驻车及解除　车辆在停止时，拉起 EPB 开关（无论起动开关是 ON 或 OFF，以及行车制动状态），EPB 工作，制动锁止车辆。释放驻车制动时，起动开关处于 ON 位时，踩下行车制动踏板，按下 EPB 开关，EPB 停止制动锁止。当然，如果车辆的前机舱盖和后行李舱盖以及 4 个车门都是 OFF 状态时，变速杆从 P 位移到 R 位或 D 位时，EPB 也会自动释放。

（2）动态应急制动　车辆在行驶过程中，驾驶人拉起 EPB 开关，EPB 控制单元收到开关信号后通过数据总线要求 ESC 控制行车制动，如果行车制动系统或是 ESC 故障，由 EPB 控制单元直接控制驻车制动系统工作（仅限于后轮）来应对这种紧急情况。EPB 动态制动控制是持续进行的,直到松开 EPB 开关为止。在动态制动工作期间,驻车制动警告灯将会一直闪烁。

（3）坡道驻车及辅助　坡道驻车时,EPB 会根据集成在液压电子控制模块中的纵向加速度传感器来测算坡度,从而计算出车辆在斜坡上由于重力而产生的下滑力,EPB 就会对后轮施加制动力平衡下滑,实现坡道驻车。当车辆坡道起步时,EPB 坡道辅助功能会根据坡道角度、驱动电机转矩、加速踏板位置、档位等信息来计算释放时机,当车辆的牵引力大于下滑力时,自动释放驻车制动,辅助坡道起步。

2. EPB 的工作原理

EPB 的驻车功能主要由电子信号的传递来实现,通过自带 ECU 发出指令来驱动卡钳进行相关动作。其主要信号交互由以下几方面组成:电子驻车制动控制单元、组合仪表 EPB 相关显示符号、EPB 开关按键、执行机构等。吉利 EV450 车型 EPB 电气原理图如图 4-24 所示。

图 4-24　吉利 EV450 车型 EPB 电气原理图

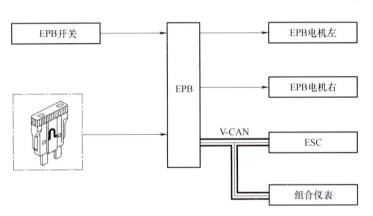

1. EPB 主要由_____、_____和_____3 部分组成。
2. EPB 主要能实现_____、_____和_____3 种功能。
3. 写出图中所指零部件的名称。

4. 写出图中数字所指模块的名称。

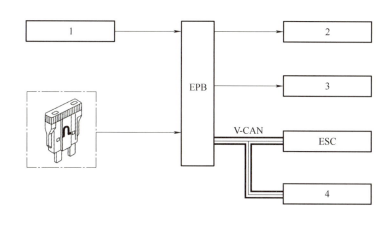

1. _____ 2. _____

3. _____ 4. _____

【任务实施】 EPB 数据采集与分析

实训器材：

吉利 EV450、故障诊断仪、常用工具和维修手册等。

作业准备：

检查举升机，车辆在工位停放周正，铺好车内和车外护套。

【操作步骤】

一、确认故障现象

起动车辆，操作 EPB 开关进行驻车制动和释放，观察车辆是否能有效驻车，车辆仪表是否显示对应的图标。

二、连接故障诊断仪诊断故障

连接故障诊断仪，按下一键起动开关，打开故障诊断仪进入 EPB 模块，读取故障码和数据流。将故障码和数据流记录在工作任务单中，车辆下电后，清除故障码；车辆再次上电后，使用故障诊断仪再次读取故障码和数据流，分析故障码的性质。

扫一扫

EPB 数据采集与分析

三、数据测量和波形检测

序号	操作示意图	操作方法	标准
1		使用万用表测量辅助蓄电池电压,万用表红黑表笔分别接蓄电池正负接线柱	11~14V
2		断开辅助蓄电池负极	将负极可靠包裹
3		使用内饰拆卸板拆卸换档机构装饰面板总成	可靠地拆卸面板卡扣,防止损坏
4		断开EPB开关线束插接器,取下换档机构面板装饰总成	先解锁插接器锁扣,再拆下插接器
5		使用万用表电阻档测试EPB开关插接器IP64-1、IP64-4端子间电阻,IP64-2、IP64-3端子间电阻	测量标准见表4-8

（续）

序号	操作示意图	操作方法	标准
6		举升车辆，断开左后卡钳电机插接器 SO81，测量卡钳电机线圈电阻	<1Ω
7		断开右后卡钳电机插接器 SO85，测量卡钳电机线圈电阻	

表 4-8　EPB 开关测量标准值

序号	检查项目	检测点	检测条件	检测类型	标准值
1	EPB 开关	IP64-1、IP64-4	不操作	电阻	2.66MΩ
2	EPB 开关	IP64-1、IP64-4	压下开关	电阻	<1Ω
3	EPB 开关	IP64-1、IP64-4	拉起开关	电阻	无穷大
4	EPB 开关	IP64-2、IP64-3	不操作	电阻	无穷大
5	EPB 开关	IP64-2、IP64-3	拉起开关	电阻	<1Ω
6	EPB 开关	IP64-2、IP64-3	压下开关	电阻	2.66MΩ

四、竣工检验

1）按照相反顺序安装 EPB 相关线束插接器。

2）起动车辆，验证 EPB 驻车制动功能。

3）整理、恢复作业场地。

EPB 数据采集与分析		工作任务单	班级：
			姓名：

1. 车辆信息记录

品牌		整车型号		生产年月	
驱动电机型号		动力蓄电池电量		行驶里程	
车辆识别代号					

2. 作业场地准备

检查设置隔离栏	□是 □否
检查设置安全警示牌	□是 □否
检查灭火器压力、有效期	□是 □否
安装车辆挡块	□是 □否

3. 记录故障现象

4. 读取数据流

序号	数据项	数据值	含义	数据值（故障）	结果判断
1	EPB 状态				
2	动态制动状态				
3	间隙自调整状态				
4	坡度				
5	车辆模式				
6	辅助蓄电池电压				
7	左电机电压				
8	左侧夹紧力				
9	右侧夹紧力				
10	EPB 开关状态				
11	EPB 开关 1—4 回路状态				
12	EPB 开关 2—3 回路状态				
13	左执行机构状态				
14	右执行机构状态				

5. 数据测量

测试对象	测试条件	测试值	结果判断

(续)

6. 故障确认		
故障点	故障类型	维修措施

7. 竣工检验	
车辆是否正常上电	□是 □否
车辆是否正常切换档位	□是 □否

8. 作业场地恢复	
拆卸车内三件套	□是 □否
拆卸翼子板布	□是 □否
将高压警示牌等放至原位置	□是 □否
清洁、整理场地	□是 □否

【课证融通考评单】EPB 数据采集与分析			实习日期：	
姓名：	班级：	学号：		教师签名：
自评：□熟练 □不熟练	互评：□熟练 □不熟练	师评：□合格 □不合格		
日期：	日期：	日期：		

EPB 数据采集与分析【评分细则】

序号	评分项	得分条件	分值	自评	互评	师评
1	安全/7S/态度	1）能进行工位 7S 操作	3			
		2）能进行设备和工具安全检查	3			
		3）能进行车辆安全防护操作	3			
		4）能进行工具清洁、校准和存放操作	3			
		5）能进行三不落地操作	3			
2	专业技能能力	1）能正确确认故障现象	6			
		2）能正确测量辅助蓄电池电压	4			
		3）能规范拆卸 EPB 线束插接器 IP64	4			
		4）能正确测量 IP64 插接器 1-4 端子间电阻	6			
		5）能正确测量 IP64 插接器 2-3 端子间电阻	6			
		6）能规范拆卸左后卡钳电动机插接器 SO81	6			
		7）能正确测量左后卡钳电动机线圈电阻	6			
		8）能规范拆卸右后卡钳电动机插接器 SO85	6			
		9）能正确测量右后卡钳电动机线圈电阻	6			
3	工具及设备的使用能力	1）能正确使用故障诊断仪	3			
		2）能正确使用万用表	3			
		3）能正确使用内饰拆卸板	3			
		4）能正确使用示波器	3			

(续)

序号	评分项	得分条件	分值	自评	互评	师评
4	资料、信息查询能力	1）能正确查询线束插接器端子的含义	3			
		2）能正确使用维修手册查询资料	3			
		3）能正确记录所需维修信息	2			
5	数据判断和分析能力	1）能判断辅助蓄电池电压是否正常	2			
		2）能判断EPB开关端子间电阻是否正常	2			
		3）能判断EPB开关是否正常	3			
		4）能判断后卡钳电机是否工作正常	3			
6	表单填写报告的撰写能力	1）字迹清晰	1			
		2）语句通顺	1			
		3）无错别字	1			
		4）无涂改	1			
		5）无抄袭	1			
总分：						

任务二　EPB故障诊断与排除

知识目标：

1）了解EPB电路特点。

2）熟悉EPB开关、电路插接器各端子的含义。

3）掌握EPB常见故障诊断流程。

技能目标：

1）具有正确使用诊断设备的能力。

2）具有规范拆卸EPB部件的能力。

3）具有依据维修手册，对EPB进行故障诊断与排除的能力。

素养目标：

1）在操作过程中树立高压安全意识。

2）通过制订故障检修流程，具备分析问题和解决问题的能力。

3）能在工作结束后按照7S管理规定整理、恢复作业场地，养成良好的工作习惯。

一辆吉利EV450，在踩下制动踏板的同时按下一键起动开关后，驾驶人操作EPB按钮，发现仪表盘上驻车制动指示灯不熄灭，经维修技师初步诊断，确定为左后卡钳EPB电机不工作。请根据该故障现象制订一份EPB电机不工作的故障检修方案，完成故障诊

断与排除。

【获取信息】

一、EPB 电路图

吉利 EV450 车型 EPB 电路图如图 4-25 所示，EPB 控制单元由熔丝 IF23（10A）提供 IG1 电，接收安装在仪表板中部的 EPB 开关信号后，通过短时间给左后、右后卡钳电机通电（双向电流），由熔丝 SF04（30A，左后卡钳电机正）和 SF06（30A，右后卡钳电机正）提供常电，经 G32 接地，卡钳电动机工作压紧或释放制动片，从而实现驻车制动或释放驻车制动。

以左后卡钳电机为例，说明电机工作回路，当按下 EPB 操作按钮时，蓄电池——熔丝 SF04（30A）——EPB 控制单元——插接器 IP27-29 端子——左后卡钳电机——插接器 IP27-14 端子——EPB 控制单元——插接器 IP27-30 端子——G32，左后卡钳电机执行释放操作。当拉起 EPB 操作按钮时，蓄电池——熔丝 SF04（30A）——EPB 控制单元——插接器 IP27-14 端子——左后卡钳电机——插接器 IP27-29 端子——EPB 控制单元——插接器 IP27-30 端子——G32，左后卡钳电机执行驻车夹紧操作。

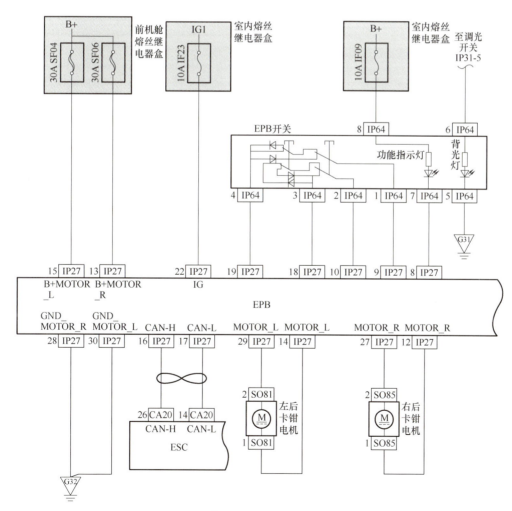

图 4-25　吉利 EV450 车型 EPB 电路图

二、EPB 各插接器端子的位置及含义

1. EPB 开关线束插接器 IP64 端子的位置及含义

EPB 开关线束插接器 IP64 端子的位置如图 4-26 所示。

EPB 开关线束插接器 IP64 端子的含义见表 4-9。

表 4-9 EPB 开关线束插接器 IP64 端子的含义

端子号	端子定义	线色	端子号	端子定义	线色
1	开关 1	绿/红	6	背光灯信号	灰
2	开关 2	蓝	7	功能指示灯	黑/红
3	开关 3	紫	8	电源	红/黄
4	开关 4	粉	9	ESC OFF 开关	红/黑
5	接地	黑	10	接地	黑

2. EPB 控制器线束插接器 IP27 的端子位置及定义

EPB 控制器线束插接器 IP27 的端子位置如图 4-27 所示。

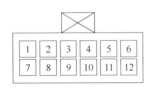

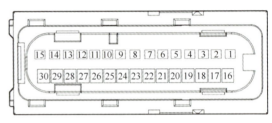

图 4-26 EPB 开关线束插接器 IP64 端子的位置　　图 4-27 EPB 控制器线束插接器 IP27 的端子位置

EPB 控制器线束插接器 IP27 的端子定义见表 4-10。

表 4-10 EPB 控制器线束插接器 IP27 的端子定义（1~7、11、20、21、23~26 空）

端子号	端子定义	线色	端子号	端子定义	线色
8	功能指示灯	黑/红	17	CAN-L	蓝/白
9	接 EPB 开关	绿/红	18	接 EPB 开关	紫
10	接 EPB 开关	蓝	19	接 EPB 开关	粉
12	接右后卡钳电机正	红/蓝	22	电源	白/绿
13	右后卡钳电机电源	红/白	27	接右后卡钳电机负	红/黑
14	接左后卡钳电机正	红	28	右后卡钳电机接地	黑
15	左后卡钳电机电源	红/绿	29	接左后卡钳电机负	红/黄
16	CAN-H	灰	30	左后卡钳电机接地	黑

3. EPB 电机不工作的故障检修

EPB 电机不工作的故障涵盖 EPB 执行器故障，包括：C110060——执行器电压异常；C11A477——执行机构故障；C11A577——执行机构故障——低压；C11A07C——

左执行器故障——运行超时；C11A37C——右执行器故障——运行超时；C11A013——左执行器故障——开路；C11A313——右执行器故障——开路；C11A011——左执行器故障——控制电路故障；C11A311——右执行器故障——控制电路故障；C11A07E——左执行器故障——场效应晶体管故障；C11A37E——右执行器故障——场效应晶体管故障；C11A070——左执行器故障——机构损坏；C11A370——右执行器故障——机构损坏；C11A015——左执行器故障——短路；C11A315——右执行器故障——短路；C11A07D——左执行器故障——继电器；C11A37D——右执行器故障——继电器；C11A063——左执行器故障——晶体管；C11A363——右执行器故障——晶体管；C11A054——左执行器故障——标定错误；C11A354——右执行器故障——标定错误。

EPB左后卡钳电机不工作故障诊断流程见表4-11。

表4-11　EPB左后卡钳电机不工作故障诊断流程

诊断步骤	诊断流程
1. 用故障诊断仪访问EPB控制单元	检查是否输出DTC 诊断思路：是，根据输出的DTC维修电路；否，转至步骤2
2. 检查辅助蓄电池	1）测量辅助蓄电池电压，电压标准值应为11~14V 2）确认电压是否符合标准值 诊断思路：否，蓄电池充电或检查充电系统；是，转至步骤3
3. 用故障诊断仪进行EPB警告灯的主动测试	1）连接故障诊断仪，打开起动开关 2）在功能测试上选择"主动测试" 3）检查EPB警告灯是否工作正常
4. 检查左后EPB电机熔丝IF23	检查熔丝SF04、IF23是否熔断 诊断思路：否，转至步骤6；是，转至步骤5
5. 检修熔丝SF04电路	1）检查熔丝SF04电路是否有短路的故障 2）进行电路修理，确认没有电路短路的现象 3）更换额定电流的熔丝 熔丝的额定值为SF04 30A、IF23 10A 4）确认EPB电机是否正常工作 诊断思路：是，系统正常；否，转至步骤6
6. 检测左后EPB电机电源电压	1）操作起动开关使电源模式置于OFF状态 2）断开EPB控制模块线束插接器IP27 3）操作起动开关使电源模式置于ON状态 4）测量左后EPB电机线束插接器IP27端子29、14对车身接地的电压。电压标准值应为11~14V 5）确认电压是否符合标准值 诊断思路：否，修理或更换线束；是，转至步骤7
7. 检测左后EPB控制器与左后EPB电机之间的电路	1）操作起动开关使电源模式置于OFF状态 2）断开左后EPB电机线束插接器SO81 3）断开EPB控制模块线束插接器IP27 4）操作起动开关使电源模式置于ON状态 5）测量左后EPB电机线束插接器IP27端子29、14对左后EPB电机线束插接器SO81端子2、1之间的电阻。电阻标准值应小于1Ω 6）确认电阻是否符合标准值 诊断思路：否，修理或更换线束；是，转至步骤8
8. 检查左后EPB电机与车身接地之间的电路	1）测量左后EPB电机控制器IP27端子30与车身接地之间的电阻。电阻标准值应小于1Ω 2）确认电阻是否符合标准值 诊断思路：是，转至步骤10；否，转至步骤9

（续）

诊断步骤	诊断流程
9. 检修左后 EPB 电机与车身接地之间的断路或短路故障	1）确认左后 EPB 电机线束插接器 IP27 端子 30 与车身接地之间电路断路故障修复完成 2）确认左后 EPB 电机是否工作正常 诊断思路：转至步骤 10
10. 检查 EPB 开关与 EPB 控制模块之间线束的导通性	1）操作起动开关使电源模式置于 OFF 状态 2）断开 EPB 开关线束插接器 IP64 3）断开 EPB 控制模块线束插接器 IP27 4）测量 EPB 控制模块线束插接器 IP27 端子 19、18、10、9 与 EPB 开关线束插接器 IP64 端子 4、3、2、1 之间的电阻 电阻标准值应小于 1Ω 5）确认电阻是否符合标准值 诊断思路：是，修理或更换线束；否，转至步骤 11
11. 更换 EPB 开关	1）更换 EPB 开关 2）确认左后 EPB 电机是否工作正常 诊断思路：是，系统正常；否，转至步骤 12
12. 更换左后 EPB 电机	1）更换左后 EPB 电机 2）确认左后 EPB 电机是否工作正常 诊断思路：是，系统正常；否，转至步骤 13
13. 更换 EPB 控制器	1）更换左后 EPB 控制器 2）确认左后 EPB 电机是否工作正常 诊断思路：是，系统正常

EPB 故障诊断与排除	学习任务单	班级： 姓名：

1. 结合 EPB 电路图，请画出右后轮卡钳电机工作电路回路。

2. 左后轮卡钳电机不工作，可能的故障部位有哪些？

3. 请说明 EPB 开关按钮的工作原理。

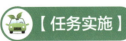【任务实施】 **EPB 故障诊断与排除**

实训器材：

吉利 EV450、故障诊断仪、常用工具和维修手册等。

项目四 制动系统的故障检修

作业准备:

检查举升机,车辆在工位停放周正,铺好车内和车外护套。

一、确认故障现象

起动车辆,操作 EPB 按钮,观察车辆是否能正常驻车或释放驻车制动。

扫一扫

EPB 故障诊断与排除

二、利用故障诊断仪诊断故障

连接故障诊断仪,按下一键起动开关,打开故障诊断仪进入 EPB 模块,读取故障码和数据流。清除故障码,再次操作后,使用故障诊断仪再次读取故障码,和之前的故障码进行对比,分析故障码的性质。

三、故障检测

序号	操作示意图	操作方法	标准
1		使用万用表测量辅助蓄电池电压,万用表红黑表笔分别接蓄电池正负接线柱	11~14V
2		连接故障诊断仪,操作起动开关置于 ON 位,用故障诊断仪进行主动测试	测试时 EPB 警告灯应亮起或熄灭
3		检查 EPB 电机供电熔丝 SF04 的技术状况	测量标准见表 4-12

175

(续)

序号	操作示意图	操作方法	标准
4		检查 EPB 电机供电熔丝 SF06 的技术状况	测量标准见表 4-12
5		检查 EPB 控制单元供电熔丝 IF23 的技术状况	
6		关闭起动开关，断开 EPB 控制单元插接器 IP27	先解锁卡扣，再拔下插接器
7		打开起动开关，使用万用表电压档测量左后 EPB 电机线束插接器 IP27 端子 29 对车身接地的电压	11~14V
8		使用万用表电压档测量左后 EPB 电机线束插接器 IP27 端子 14 对车身接地的电压	

（续）

序号	操作示意图	操作方法	标准
9		关闭起动开关，拆卸左后轮，断开左后 EPB 电机线束插接器 SO81	先按下锁扣，再拔下插接器
10		测量 EPB 电机线束插接器 IP27 端子 29 对左后 EPB 电机线束插接器 SO81 端子 2 之间的电阻	
11		测量 EPB 电机线束插接器 IP27 端子 14 对左后 EPB 电机线束插接器 SO81 端子 1 之间的电阻	<1Ω
12		使用万用表电阻档测量 EPB 电机线束插接器 IP27 端子 30 对车身接地之间的电阻	
13		断开 EPB 开关线束插接器 IP64、IP27，使用万用表电阻档测量 IP27 端子 19、18、10、9 与 IP64 端子 4、3、2、1 之间的电阻	

（续）

序号	操作示意图	操作方法	标准
14	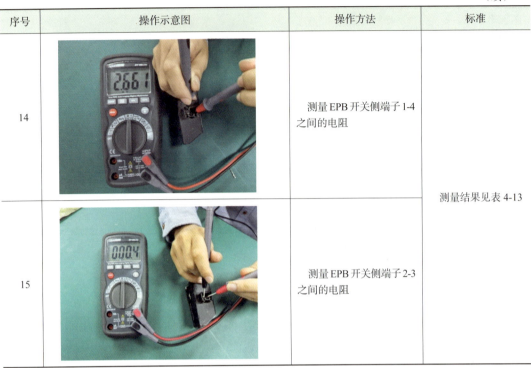	测量EPB开关侧端子1-4之间的电阻	测量结果见表4-13
15		测量EPB开关侧端子2-3之间的电阻	

表4-12　EPB控制单元供电熔丝检测记录表

序号	检查项目	检测点	检测条件	检测类型	标准值/V
1	SF04（30A）	上游	ON位或OFF位	电压	11~14
2	SF04（30A）	下游	ON位或OFF位	电压	11~14
3	SF06（30A）	上游	ON位或OFF位	电压	11~14
4	SF06（30A）	下游	ON位或OFF位	电压	11~14
5	IF23（10A）	上游	ON位	电压	11~14
6	IF23（10A）	下游	ON位	电压	11~14

表4-13　EPB开关测量结果

序号	检查项目	检测点	检测条件	检测类型	标准值
1	EPB开关	1-4	不操作	电阻	2.66MΩ
2	EPB开关	1-4	压下开关	电阻	<1Ω
3	EPB开关	1-4	拉起开关	电阻	无穷大
4	EPB开关	2-3	不操作	电阻	无穷大
5	EPB开关	2-3	拉起开关	电阻	<1Ω
6	EPB开关	2-3	压下开关	电阻	2.66MΩ

经测量，EPB开关1-4间的电阻在开关按下和拉起时均为无穷大，开关损坏，更换EPB开关，装复后再次操作，故障排除。

四、竣工检验

1）按照相反顺序安装EPB相关线束插接器。

2)起动车辆,验证换档功能。

3)整理、恢复作业场地。

EPB 故障诊断与排除		工作任务单	班级:	
1. 车辆信息记录				
品牌		整车型号		生产年月
驱动电机型号		动力蓄电池电量		行驶里程
车辆识别代号				
2. 作业场地准备				
检查设置隔离栏				□是 □否
检查设置安全警示牌				□是 □否
检查灭火器压力、有效期				□是 □否
安装车辆挡块				□是 □否
3. 记录故障现象				
4. 使用故障诊断仪读取故障码、数据流				
故障码				
数据流				
5. 拆画 EPB 电路简图				
6. 故障检测				
检测对象	检测条件	检测值	标准值	结果判断

(续)

7. 故障确认		
故障点	故障类型	维修措施

8. 竣工检验	
车辆是否正常上电	□是 □否
车辆是否正常驻车	□是 □否

9. 作业场地恢复	
拆卸车内三件套	□是 □否
拆卸翼子板布	□是 □否
将高压警示牌等放至原位置	□是 □否
清洁、整理场地	□是 □否

【课证融通考评单】 EPB 故障诊断与排除			实习日期:	
姓名:	班级:		学号:	教师签名:
自评:□熟练 □不熟练	互评:□熟练 □不熟练		师评:□合格 □不合格	
日期:	日期:		日期:	

EPB 故障诊断与排除【评分细则】

序号	评分项	得分条件	分值	自评	互评	师评
1	安全/7S/态度	1)能进行工位 7S 操作	3			
		2)能进行设备和工具安全检查	3			
		3)能进行车辆安全防护操作	3			
		4)能进行工具清洁、校准和存放操作	3			
		5)能进行三不落地操作	3			
2	专业技能能力	1)能正确确认故障现象	6			
		2)能规范拆卸 EPB 控制单元线束插接器	4			
		3)能正确测量 EPB 电机供电熔丝	4			
		4)能正确检测 EPB 电机插接器端子的电压	6			
		5)能正确检测 EPB 相关电路的电阻	6			
		6)能确认 EPB 故障部位	6			
		7)能正确测量 EPB 电机与控制单元间线束的电阻	6			
		8)能规范安装 EPB 开关	6			
		9)能规范验证 EPB 开关的功能	6			

（续）

序号	评分项	得分条件	分值	自评	互评	师评
3	工具及设备的使用能力	1）能正确使用故障诊断仪	3			
		2）能正确使用万用表	3			
		3）能正确使用拆装工具	3			
		4）能正确使用示波器	3			
4	资料、信息查询能力	1）能正确查询线束插接器端子的含义	3			
		2）能正确使用维修手册查询资料	3			
		3）能正确记录所需维修信息	2			
5	数据判断和分析能力	1）能判断辅助蓄电池电压是否正常	2			
		2）能判断EPB电机供电是否正常	2			
		3）能判断EPB电机搭铁是否正常	3			
		4）能判断EPB数据通信是否正常	3			
6	表单填写报告的撰写能力	1）字迹清晰	1			
		2）语句通顺	1			
		3）无错别字	1			
		4）无涂改	1			
		5）无抄袭	1			
总分：						

学习情境三

制动能量回收系统的故障检修

制动能量回收系统（Braking Energy Recovery System）是指一种应用于汽车上能够将制动时产生的热能转换成机械能，并将其存储在电容器内，在使用时可迅速将能力释放的系统。

制动能量回收是现在纯电动汽车与混合动力汽车重要技术之一。在一般内燃机汽车上，当车辆减速、制动时，车辆的运动能量通过制动系统转变为热能，并向大气中释放。而在纯电动汽车与混合动力汽车上，这种被浪费掉的运动能量可通过制动能量回收技术转变为电能并存储于动力蓄电池中，进一步转化为驱动能量。

任务一　更换制动能量回收操作开关

【学习目标】

知识目标：
1）了解制动能量回收系统的结构。
2）熟悉制动能量回收系统的工作原理。
3）掌握更换驾驶模式开关流程。

技能目标：
1）具有正确调整制动能量回收系统等级的能力。
2）具有向客户讲解制动能量回收系统工作原理的能力。
3）具有规范地拆装驾驶模式开关的能力。

素养目标：
1）在操作过程中树立高压安全意识。
2）通过制订故障检修流程，具备分析问题和解决问题的能力。

3）能在工作结束后按照 7S 管理规定整理、恢复作业场地，养成良好的工作习惯。

4）培养学生道路安全意识。

【任务描述】

一辆吉利 EV450，客户反映踩下制动踏板时，车速飞速下降，使得驾驶很不适应，感觉较差。请根据该客户反映，对车辆进行调整，并向客户解释原因。

【获取信息】

一、认识制动能量回收系统

纯电动汽车制动能量回收系统主要由 VCU、储能系统（动力蓄电池组）、电机控制器（MCU）、驱动电机、液压系统以及传动装置等部分组成。VCU 通过 CAN 总线给蓄电池管理系统（BMS）和电机控制系统信号，动力蓄电池为整个系统提供能量并回收能量，VCU 通过 CAN 总线给 MCU 信号，来控制驱动电机工作驱动和发电模式，实现对汽车的正常行驶与制动。

1. 混合动力汽车制动能量回收系统

在驾驶人松开加速踏板时，驱动电机在惯性的作用下仍在旋转，设车轮转速为 $V_{轮}$、驱动电机转速为 $V_{电机}$，车轮与驱动电机固定传动比为 K，当车辆减速时，$V_{轮}K<V_{电机}$ 时，驱动电机仍是动力源，随着驱动电机转速下降，当 $V_{轮}K>V_{电机}$ 时，驱动电机相当于被车辆带动而旋转，此时驱动电机变为发电机，如图 4-28 所示。

BMS 可以根据电池充电特性曲线（充电电流、电压变化曲线与电池容量的关系）和采集电池温度等参数计算出相应的允许最大充电电流。MCU 根据动力蓄电池允许最大充电电流，

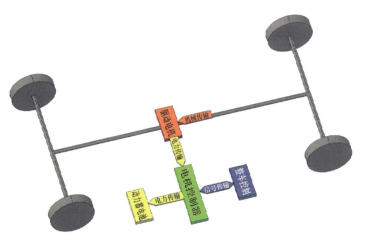

图 4-28 驱动电机变为发电机

通过控制 IGBT 模块使"发电机"定子线圈旋转磁场角速度与驱动电机转子角速度保持到发电电流不超过允许最大充电电流，以调整发电机向动力蓄电池充电的电流，同时这也控制了车辆的减速度，具体过程如图 4-29 所示。

当踩下制动踏板时，该过程 MCU 输出的电流频率会急剧下降，馈能电流在 MCU 的调节下充入动力蓄电池，当 IGBT 全部关闭时，在当前的反拖速度和模式下为最大馈能状态，此时 MCU 对"发电机"没有实施速度和电流的调整，"发电机"所发的电量全部转移给动力蓄电池，由于发电机负载较大，此时车辆减速也较快。

2. 纯电动汽车制动能量回收系统

与当前混合动力汽车不同，纯电动汽车不使用制动踏板行程传感器。如图 4-30 所示，由于采用了特殊加速踏板操作方式，在松开加速踏板时由 MCU 以发电机的方式控制驱动

电机。这意味着此时后桥车轮通过半轴驱动电机，驱动电机此时作为发电机运行。此时，产生的转矩以可感知的减速方式作用于后桥车轮。在此过程中不必操作制动踏板。所产生的能量通过 MCU 存储在动力蓄电池单元。与当前混合动力汽车不同，这意味着不通过制动踏板而是通过加速踏板控制能量回收式制动。通过制动踏板只能进行液压制动。

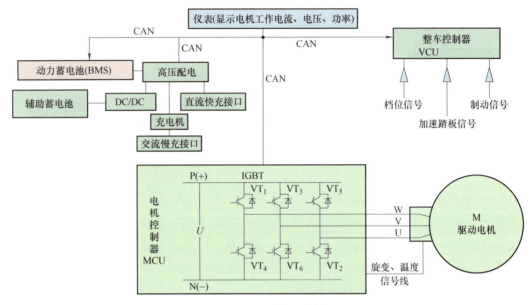

图 4-29 反向电流的施加

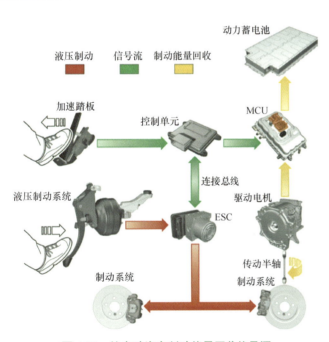

图 4-30 纯电动汽车制动能量回收信号源

由控制单元要求和调节能量回收式制动。如果行驶期间完全松开加速踏板，控制单元就会根据行驶状态确定最大能量回收利用。进行最大能量回收利用时以 1.6m/s² 进行车辆减速。通过总线信号将要求发送至 MCU，MCU 根据控制单元的要求控制驱动电机。

控制单元带有一个连接数据总线的独立接口。ESC 位于该总线系统内。ESC 的任务是识别出不稳定的车辆状态并采取相应措施使车辆准确保持行驶轨迹。在能量回收利用期间识别出不稳定的行驶情况时，ESC 会通过独立接口发送有关即将出现危险行驶状态的信息。控制单元确定与危险行驶状态相符的最大能量回收利用并向 MCU 发送要求。MCU 根据变化的要求减少能量回收利用，从而降低减速度。

在纯电动汽车上操作制动踏板时，可像传统制动系统一样在双回路制动系统的液压系统内产生压力。在此通过驱动电机进行能量回收利用或通过操作车轮制动器实现车辆整个制动过程。

3. 吉利 EV450 车型制动能量回收系统

吉利 EV450 车型制动能量回收系统集成在 ESC 中，在满足整车稳定的前提下，踩下制动踏板时，进行驱动电机制动力矩输出控制，进而回收制动能量。吉利 EV450 车型制动能量回收系统可以通过装备在仪表中部的驾驶模式开关进行调节（图 4-31），调节等级分别为弱、中、强，并在仪表中显示当前等级（图4-32），系统将根据驾驶人调整的回收能量程度等级，在减速制动、滑行等工况进行制动能量回收。系统默认为自动开启状态，当驾驶人需要减速踩制动踏板时，吉利EV450车型制动能量回收系统会控制驱动电机进行制动能量回收，驱动电机制动力矩与液压制动力矩直接叠加，在减速度0.2g时可达到65%的驱动电机制动比率，整车制动能量回收率约为9%。系统监测到吉利EV450车型制动能量回收系统失效时，仪表上黄色ESC故障灯会点亮。

图4-31　制动能量回收调节示意图

图4-32　制动能量回收等级示意图

二、制动能量回收系统约束条件

电驱动系统的制动能量回收过程要受到车辆运行状态的限制。能量回收过程还要受到制动安全和动力蓄电池充电安全等条件的限制，包括蓄电池SOC、驱动电机的回馈能力和当前转速等，制动能量回收控制策略需要与整车制动要求紧密结合。在实际应用中制动能量回收应满足一定的约束条件，并采取相应的控制策略。在制动能量回收过程中，相应的主要约束条件如下：

1）动力蓄电池温度低于5℃时能量不回收。
2）单体蓄电池电压在满电时能量不回收。
3）SOC大于95%、车速低于30km/h时没有能量回收功能。
4）能量回收及辅助制动力大小与车速和制动踏板行程相关。
5）满足制动安全的要求。
6）制动能量回收系统在工作过程中，应考虑驱动电机系统在发电过程中的工作特性和输出能力。因此，需要对回收过程中的电流大小进行限制，以保证驱动电机系统的安全运行。

更换制动能量回收操作开关	学习任务单	班级：
		姓名：

1. 纯电动汽车制动能量回收系统主要由VCU、_____、电机控制器、_____、_____以及传动装置等部分组成。

2. 什么情况下驱动电机会被转换成发电机？

3. 吉利 EV450 车型中制动能量回收等级有_____、_____和_____ 3 种。

4. 制动能量回收系统约束条件有哪些?

【任务实施】 更换制动能量回收操作开关

实训器材：

吉利 EV450、常用工具和维修手册等。

作业准备：

检查举升机，车辆在工位停放周正，铺好车内和车外护套。

【操作步骤】

一、确认故障现象

起动车辆，操作驾驶模式开关中制动能量等级回收调节旋钮，观察仪表中是否有制动能量回收等级调节显示。

二、执行高压断电作业

关闭起动开关，断开辅助蓄电池负极，并可靠放置，等待 5min 以上，断开直流母线，使用万用表验电，确保母线电压低于 50V。

三、更换制动能量回收操作开关

序号	操作示意图	操作方法	标准
1		使用万用表测量辅助蓄电池电压，万用表红黑表笔分别接蓄电池正负接线柱	11~14V

扫一扫

更换制动能量回收操作开关

（续）

序号	操作示意图	操作方法	标准
2		断开辅助蓄电池负极，使用内饰拆卸板拆卸换档机构装饰面板总成	断开蓄电池负极应可靠防护，拆卸面板应注意下部连接线束
3		断开 EPB 开关线束插接器，取下换档机构面板装饰总成	先按下锁扣，再拆下 EPB 开关线束插接器
4		使用内饰拆卸工具拆卸仪表中部面板	注意内饰面板固定卡扣的位置，避免损坏卡扣
5		拆卸空调控制单元插接器	向外拉出空调控制面板，先解锁插接器锁扣，再拆下插接器
6		拆卸驾驶模式开关插接器 IP100	先解锁插接器锁扣，再拆下插接器

(续)

序号	操作示意图	操作方法	标准
7		使用拆装工具从面板背面拆卸驾驶模式开关固定螺钉	应使用十字螺钉旋具依次拧松模式开关固定螺钉
8		从面板底部将驾驶模式开关向上顶,在面板中拆下驾驶模式开关,更换新的驾驶模式开关	注意模式开关卡扣拆卸,应逐一解锁卡扣,再拆下模式开关

四、竣工检验

1)按照相反顺序安装仪表中部面板。

2)起动车辆,验证制动能量回收调节和驾驶模式调整功能。

3)整理、恢复作业场地。

更换制动能量回收操作开关		工作任务单	班级:	
			姓名:	
1. 车辆信息记录				
品牌		整车型号		生产年月
驱动电机型号		动力蓄电池电量		行驶里程
车辆识别代号				
2. 作业场地准备				
检查设置隔离栏				□是 □否
检查设置安全警示牌				□是 □否
检查灭火器压力、有效期				□是 □否
安装车辆挡块				□是 □否
3. 记录故障现象				

（续）

4. 制订拆装计划	

5. 更换过程记录	

6. 功能测试

等级	是否正常	维修措施
弱		
中		
强		

7. 竣工检验	
车辆是否正常上电	□是 □否
8. 作业场地恢复	
拆卸车内三件套	□是 □否
拆卸翼子板布	□是 □否
将高压警示牌等放至原位置	□是 □否
清洁、整理场地	□是 □否

【课证融通考评单】更换制动能量回收操作开关			实习日期：	
姓名：	班级：		学号：	教师签名：
自评：□熟练 □不熟练	互评：□熟练 □不熟练		师评：□合格 □不合格	
日期：	日期：		日期：	
更换制动能量回收操作开关【评分细则】				
序号	评分项	得分条件	分值	自评	互评	师评

序号	评分项	得分条件	分值	自评	互评	师评
1	安全/7S/态度	1）能进行工位7S操作	3			
		2）能进行设备和工具安全检查	3			
		3）能进行车辆安全防护操作	3			
		4）能进行工具清洁、校准和存放操作	3			
		5）能进行三不落地操作	3			

（续）

序号	评分项	得分条件	分值	自评	互评	师评
2	专业技能能力	1）能正确确认故障现象	6			
		2）能正确测量辅助蓄电池电压	4			
		3）能正确执行高压断电作业	4			
		4）能正确拆卸仪表中部饰板	6			
		5）能正确拆下驾驶模式开关	6			
		6）能规范断开驾驶模式开关插接器 IP100	6			
		7）能正确安装驾驶模式开关	6			
		8）能规范安装仪表中部饰板	6			
		9）能正确验证制动能量回收等级	6			
3	工具及设备的使用能力	1）能正确使用故障诊断仪	4			
		2）能正确使用万用表	4			
		3）能正确使用拆装工具	4			
4	资料、信息查询能力	1）能正确查询线束插接器端子的含义	3			
		2）能正确使用维修手册查询资料	3			
		3）能正确记录所需维修信息	2			
5	数据判断和分析能力	1）能判断辅助蓄电池电压是否正常	3			
		2）能判断制动能量回收操作开关是否正常	3			
		3）能判断 IP100 连接是否正常	4			
6	表单填写报告的撰写能力	1）字迹清晰	1			
		2）语句通顺	1			
		3）无错别字	1			
		4）无涂改	1			
		5）无抄袭	1			

总分：

任务二　制动能量回收系统故障诊断与排除

【学习目标】

知识目标：

1）了解制动能量回收系统电路的特点。

2）熟悉制动能量回收操作开关、电路插接器各端子的含义。

3）掌握制动能量回收系统常见故障诊断流程。

技能目标：

1）具有正确使用诊断设备的能力。

2）具有规范拆卸制动能量回收系统部件的能力。

3）具有依据维修手册，对制动能量回收系统进行故障诊断与排除的能力。

素养目标：

1）在操作过程中树立高压安全意识。

2）通过制订故障检修流程，具备分析问题和解决问题的能力。

3）能在工作结束后按照 7S 管理规定整理、恢复作业场地，养成良好的工作习惯。

【任务描述】

一辆吉利 EV450，在踩下制动踏板的同时按下一键起动开关后，驾驶人操作驾驶模式开关按钮，发现仪表盘上制动能量回收等级不显示，驾驶模式也不能显示，经维修技师初步诊断，确定驾驶模式开关相关电路故障。请根据该故障现象制订一份故障检修方案，完成故障诊断与排除。

【获取信息】

一、制动能量回收的控制策略

制动能量回收的控制策略是指确保整车制动安全、稳定和舒适性下，根据节气门的开度、车辆行驶速度、蓄电池荷电状态和驱动电机工作特性等参数，同时考虑动力蓄电池存储能量的能力、驱动电机能量回馈功率以及发电效率等诸多限制条件，控制纯电动汽车的常规制动和驱动电机制动，以回收最多制动能量的控制方法。现阶段较常见的能量回馈控制策略有最大制动回馈功率控制、最大制动回馈效率控制以及制动力矩再生制动控制等。

1. 最大制动回馈功率控制

不考虑储能装置的充电能力，通过控制驱动电机的电枢电流来控制再生制动时能量的回收量，以最大回馈功率制动，此时驱动电机的转速呈指数规律下降；由于这种方式要求在制动时回馈功率＜储能装置充电功率，回收效率很低，因此只适应于微型电动汽车。

2. 最大制动回馈效率控制

通过控制最大制动回馈效率时驱动电机的电枢电流来控制能量的回收量，此时驱动电机的转速以抛物线规律下降；虽然这种方式在制动时回馈效率是最高的，但是所消耗的时间比较长且制动效能也比较差。

3. 制动力矩再生制动控制

以所需制动力矩为基准，控制驱动电机电枢电流随操作指令变换而变化，从而调节驱动电机制动力矩，此时驱动电机转速呈线性下降。在这种方式下的制动近似传统的摩擦制动，故制动平顺性好且回收效率较高，比较容易实现控制。

二、影响制动能量回收能力的因素

1. 驱动电机

驱动电机对制动能量的回收有着非常大的作用，若其可提供的制动能力强，则调配机械摩擦制动与再生制动时，加大再生制动的份额就能够增加能量的回馈量；若其发电能力强，即驱动电机的电功率高，则能量的回收能力就强；同时，驱动电机的机械效率等也同样限制着能量的回收能力。

2. 储能装置

现阶段，车载储能装置主要有动力蓄电池、燃料电池、超级电容器以及飞轮等，其中使用较多的是动力蓄电池。储能装置的 SOC 直接制约着能量回收，是最主要的影响因素，若储能装置电量充足，则制动能量就不能进行回收；若储能装置充电电流超过其允许范围或者驱动电机输出的电功率超过储能装置最大的充电功率，也无法回收制动能量。

3. 行驶工况

制动频率较高的工况，如城市中车辆需频繁起步与停车，此时回收的制动能量较多；而制动频率较低的工况，如高速公路中车辆很少进行减速制动，故只有较少的能量回收。

4. 控制策略

当驱动电机和储能装置确定后，制动能量的回馈量由其控制策略决定，控制策略确定了机械摩擦制动与驱动电机制动之间的分配关系，确定了储能装置的充电和放电状态，同时也确定了制动过程中能量的回馈量。

三、制动能量回收系统操作开关（驾驶模式开关）电路图

如图 4-33 所示，吉利 EV450 车型驾驶模式开关集成了制动能量回收系统操作开关和驾驶模式选择（驾驶模式有 ECO、NORMAL 和 ECO+ 3 种），制动能量回收等级为 3 级（弱、中、强），可以通过旋钮进行选择，向左旋转制动能量回收等级减弱，向右旋转制动能量回收等级增强。按下旋钮上的按键可直接切换至中档。

吉利 EV450 车型制动能量回收系统操作开关电路图如图 4-34 所示，通过室内熔丝盒内熔丝 IF06（10A）和 IF24（7.5A）对驾驶模式开关提供常电和 IG1 电，通过插接器 IP100 的 2 号和 5 号端子经 G31 搭铁，经插接器 IP100 的 10 号端子至背光亮度调节开关，驾驶模式调整信息和制动能量回收等级调整信息通过插接器 IP100 的 4 号和 3 号端子经 P-CAN 与 MCH、仪表、BMS 等控制单元进行通信。

图 4-33 驾驶模式开关图

头脑风暴：

3 种驾驶模式代表什么含义？

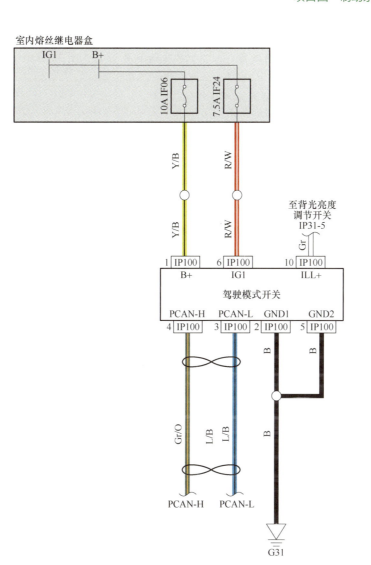

图 4-34　吉利 EV450 车型制动能量回收系统操作开关电路图

四、驾驶模式开关插接器端子的位置及定义

1. 驾驶模式开关端子的位置

驾驶模式开关线束插接器 IP100 端子的位置如图 4-35 所示。

图 4-35　驾驶模式开关线束插接器 IP100 端子的位置

2. 驾驶模式开关端子的定义

驾驶模式开关线束插接器 IP100 的端子定义见表 4-14。

表 4-14　驾驶模式开关线束插接器 IP100 的端子定义

端子号	端子定义	颜色	端子号	端子定义	颜色
1	常电	黄/黑	5	接地	红/蓝
2	接地	黑/红	6	IG1 电	红/白
3	PCAN-L	蓝/黑	7~9	空	
4	PCAN-H	灰/橙	10	接背光亮度调节开关	灰

制动能量回收系统故障诊断与排除	学习任务单	班级：
		姓名：

1. 制动能量回收的控制策略有哪些？

2. 吉利 EV450 车型驾驶模式开关集成了_____和驾驶模式选择开关，其中驾驶模式有_____、_____和_____3 种。

3. 影响制动能量回收能力的因素有哪些？

 【任务实施】 制动能量回收系统故障诊断与排除

实训器材：

吉利 EV450、故障诊断仪、常用工具和维修手册等。

作业准备：

检查举升机，车辆在工位停放周正，铺好车内和车外护套。

 【操作步骤】

一、确认故障现象

起动车辆，操作制动能量回收操作按钮，观察车辆仪表是否可以正常显示，观察驾驶模式开关背景灯是否正常点亮。

二、执行高压断电作业

关闭起动开关，断开辅助蓄电池负极，并可靠放置，等待 5min 以上，断开直流母线，使用万用表验电，确保母线电压低于 50V。

扫一扫

制动能量回收系统故障诊断与排除

三、故障检测

序号	操作示意图	操作方法	标准
1		使用万用表测量辅助蓄电池电压，万用表红黑表笔分别接蓄电池正负接线柱	
2		检查驾驶模式开关供电熔丝 IF06 供电情况	
3		检查驾驶模式开关供电熔丝 IF24 供电情况	11~14V
4		拆下驾驶模式开关插接器 IP100，使用万用表检测驾驶模式开关插接器 IP100 端子 1 号的对地电压情况	
5		使用万用表检测驾驶模式开关插接器 IP100 端子 6 号的对地电压情况	

（续）

序号	操作示意图	操作方法	标准
6		使用万用表检测驾驶模式开关插接器 IP100 端子 3 号（PCAN-L 线）的对地电压情况	≈2.3V
7		使用万用表检测驾驶模式开关插接器 IP100 端子 4 号（PCAN-H 线）的对地电压情况	≈2.7V
8		使用万用表检测驾驶模式开关插接器 IP100 端子 2 号的对车身电阻情况	<1Ω
9		使用万用表检测驾驶模式开关插接器 IP100 端子 5 号的对车身电阻情况	

经测量，驾驶模式开关插接器 IP100 端子 2 和端子 5 均对车身地电阻无穷大，说明负极电路断路故障，进一步查找，发现搭铁点 G31 脱落，恢复 G31 连接，故障排除。

四、竣工检验

1）按照相反顺序安装驾驶模式开关相关线束插接器。
2）起动车辆，验证制动能量回收等级调整功能。
3）整理、恢复作业场地。

制动能量回收系统故障诊断与排除	工作任务单	班级： 姓名：	

1. 车辆信息记录

品牌		整车型号		生产年月	
驱动电机型号		动力蓄电池电量		行驶里程	
车辆识别代号					

2. 作业场地准备

检查设置隔离栏	□是　□否
检查设置安全警示牌	□是　□否
检查灭火器压力、有效期	□是　□否
安装车辆挡块	□是　□否

3. 记录故障现象

4. 拆画驾驶模式开关电路简图

5. 故障检测

检测对象	检测条件	检测值	标准值	结果判断

(续)

6. 故障确认		
故障点	故障类型	维修措施

7. 竣工检验	
车辆是否正常上电	□是 □否
车辆是否正常切换档位	□是 □否

8. 作业场地恢复	
拆卸车内三件套	□是 □否
拆卸翼子板布	□是 □否
将高压警示牌等放至原位置	□是 □否
清洁、整理场地	□是 □否

【课证融通考评单】 制动能量回收系统故障诊断与排除　　实习日期：

姓名：	班级：	学号：	教师签名：
自评：□熟练 □不熟练	互评：□熟练 □不熟练	师评：□合格 □不合格	
日期：	日期：	日期：	

制动能量回收系统故障诊断与排除【评分细则】

序号	评分项	得分条件	分值	自评	互评	师评
1	安全/7S/态度	1）能进行工位 7S 操作	3			
		2）能进行设备和工具安全检查	3			
		3）能进行车辆安全防护操作	3			
		4）能进行工具清洁、校准和存放操作	3			
		5）能进行三不落地操作	3			
2	专业技能能力	1）能正确确认故障现象	6			
		2）能规范拆卸仪表板中部	4			
		3）能规范拆卸驾驶模式开关线束插接器	4			
		4）能正确测量供电熔丝 IF06/IF24	6			
		5）能正确检测 IP100 处供电情况	6			
		6）能正确测量 PCAN 电路	6			
		7）能正确测量 IP100 搭铁电路	6			
		8）能规范安装搭铁点 G31	6			
		9）能规范验证驾驶模式开关的功能	6			
3	工具及设备的使用能力	1）能正确使用故障诊断仪	4			
		2）能正确使用万用表	4			
		3）能正确使用拆装工具	4			

（续）

序号	评分项	得分条件	分值	自评	互评	师评
4	资料、信息查询能力	1）能正确查询线束插接器端子的含义	3			
		2）能正确使用维修手册查询资料	3			
		3）能正确记录所需维修信息	2			
5	数据判断和分析能力	1）能判断辅助蓄电池电压是否正常	2			
		2）能判断驾驶模式开关供电是否正常	2			
		3）能判断驾驶模式开关数据通信是否正常	2			
		4）能判断驾驶模式开关搭铁是否正常	4			
6	表单填写报告的撰写能力	1）字迹清晰	1			
		2）语句通顺	1			
		3）无错别字	1			
		4）无涂改	1			
		5）无抄袭	1			

总分：

参考文献

[1] 关文达. 汽车构造[M]. 3版. 北京：机械工业出版社，2015.

[2] 赵振宁，王慧怡. 新能源汽车底盘电控系统原理与检修[M]. 北京：北京理工大学出版社，2019.

[3] 武忠. 汽车底盘电控系统故障诊断与检修[M]. 2版. 北京：机械工业出版社，2021.

[4] 王朋. 汽车底盘构造与维修[M]. 2版. 北京：机械工业出版社，2021.

[5] 王旭斌. 新能源汽车底盘构造与维修[M]. 北京：高等教育出版社，2019.

[6] 谢金红，毛平. 新能源汽车底盘检修[M]. 北京：人民交通出版社股份有限公司，2018.

[7] 缑庆伟. 新能源汽车原理与检修[M]. 北京：机械工业出版社，2016.